I0762541

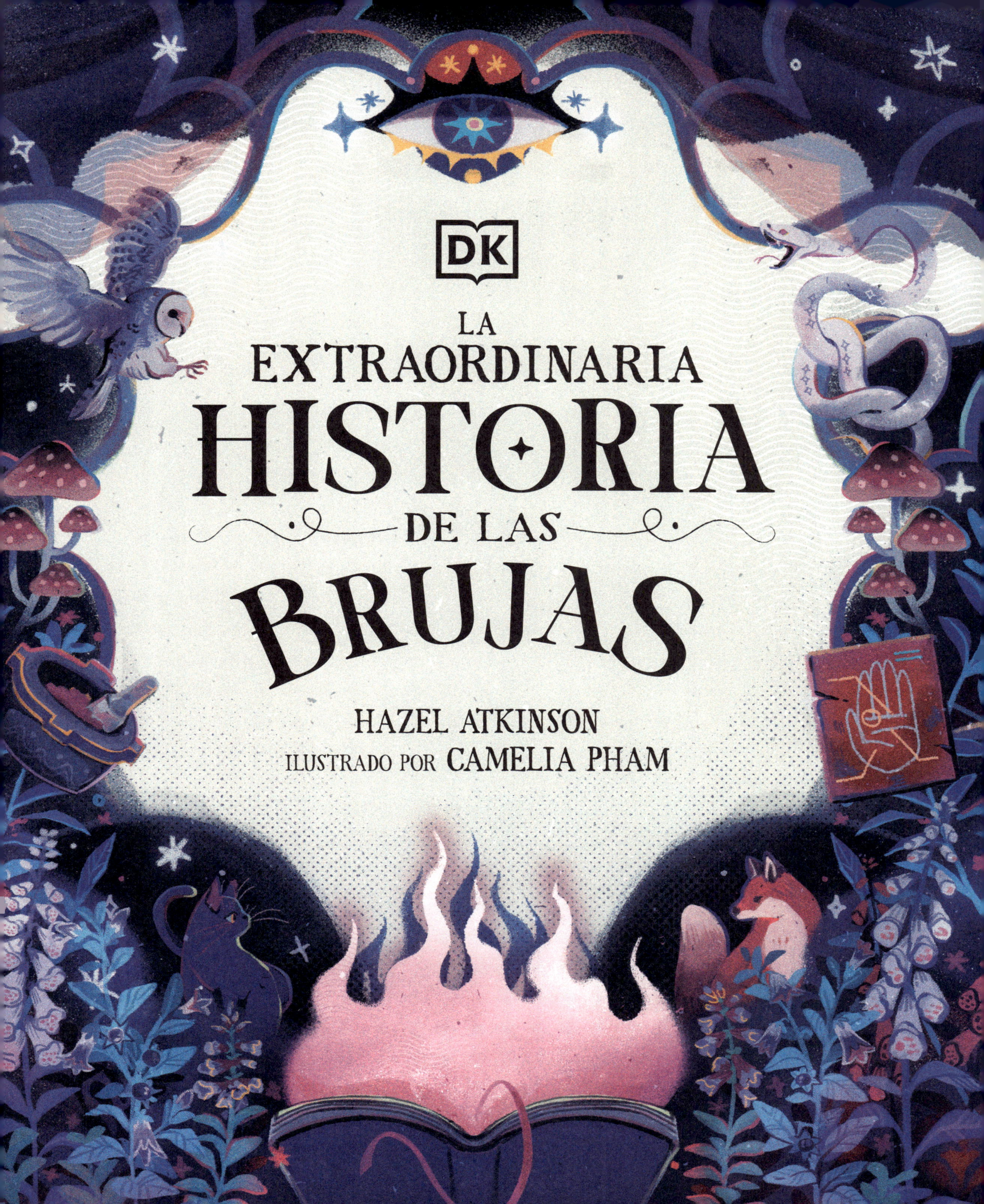
DK
LA
EXTRAORDINARIA
HISTORIA
DE LAS
BRUJAS
HAZEL ATKINSON
ILUSTRADO POR CAMELIA PHAM

Texto Hazel Atkinson
Ilustraciones Camelia Pham
Asesoramiento Prof. Diane Purkiss
Edición del proyecto Sophie Parkes
Asistencia editorial Francesca Harper
Edición Sarah Bailey
Edición de arte sénior Charlotte Bull
Diseño Sophie Gordon, Holly Price
Gestión editorial Penny Smith
Gestión artística Elle Ward
Edición de producción Anita Yadav
Documentación gráfica Geetam Biswas
Control de producción Inderjit Bhullar
Diseño de cubiertas Elle Ward
Dirección editorial adjunta Francesca Young
Dirección de arte Mabel Chan

Publicado por primera vez en Gran Bretaña en 2025 por
Dorling Kindersley Limited
20 Vauxhall Bridge Road,
Londres SW1V 2SA
Parte de Penguin Random House

De la edición en español:
Traducción Judith Rodríguez Vallverdú
Corrección Julieta Brufman
Maquetación y composición Nieves Blamey
Coordinación de proyecto Lakshmi Asensio
Dirección editorial Elsa Vicente

Título original: *The Extraordinary History of Witches*
Primera edición: abril 2026

002-345379-Apr/2026

ISBN: 979-8-2171-3837-1

Impreso y encuadernado en China

www.dkespañol.com

CONTENIDO

Capítulo 1
DEFINICIÓN DEL CONCEPTO «BRUJA»

¿Qué es una bruja? ... 8
¿Todas las brujas son mujeres? ... 10
Estereotipos sobre las brujas ... 12
Cronología de la brujería ... 14
Magia, religión y brujería ... 16
Leyendas de todo el mundo ... 18

Capítulo 2
ORÍGENES ANCESTRALES

Fuentes ancestrales ... 22
Magia mesopotámica ... 24
Magia egipcia ... 26
Los musulmanes y la magia ... 28
Magia china ... 30
La emperatriz Chen Jiao ... 32
Magia japonesa ... 34
Magia griega ... 36
Circe ... 38
Magia romana ... 40
Plantas mágicas ... 42
Maldiciones ... 44
Medea ... 46
Hechizos y pócimas de amor ... 48

MIXTO
Papel | Apoyando la silvicultura responsable
FSC™ C018179

Este libro se ha fabricado con papel certificado por el Forest Stewardship Council™, un pequeño paso dentro del compromiso de DK con un futuro sostenible.
Más información en www.dk.com/uk/information/sustainability

Capítulo 3
RELIGIÓN, MITOS Y MAGIA

El pensamiento medieval 52
Brujas europeas 54
Magia nórdica 56
Cuentos de hadas y folclore 58
Criaturas de la noche 60
Métodos protectores 62
Magia viva 64
Los enseres de las brujas 66
Adivinación 68
Medios de transporte 70
Magia celta 72
Alice Kyteler 74
Sanadores mágicos y sabios populares 76
Vudú 78

Capítulo 4
LA LLEGADA DE NUEVAS IDEAS AL MUNDO

El auge de las cazas de brujas 82
Los juicios por brujería en Europa 84
Juana de Arco 86
Métodos para juzgar a una bruja 88
Cazadores de brujas 90
El sabbat 92
La Inquisición mexicana 94
Colonialismo y brujería 96
Objetos mágicos 98
Los juicios por brujería de Pendle 100
Los juicios por brujería de Salem 102
¿Qué provocó las cazas de brujas 104
América del Norte y la magia 106
Brujería africana 108
Cambiantes y familiares 110

Capítulo 5
UNA NUEVA ERA

¿Una era de ilustración 114
Creencias modernas 116
Ocultismo y espiritismo 118
Hombres que practican la magia 120
La brujería en América Latina 122
La wicca 124
El tarot 126
La magia de los cristales 128
La bruja en los medios modernos 130
Las brujas contraatacan 132
La brujería verde 134
El futuro de las brujas 136

¿Qué es una bruja para ti 138

Glosario 140
Índice 142
Agradecimientos 144

PREFACIO

Te doy la bienvenida a un mundo de sueños y visiones, de historias e imaginación, de oscuridad y luz. A un mundo de brujas...

A lo largo de la historia, todas las sociedades han imaginado a las brujas, personas capaces de usar la magia para cambiar su entorno y hacer cosas buenas o malas. A veces, como verás, esas historias hacían referencia a mujeres reales. Algunas creían tener poderes mágicos de verdad, pero la mayoría solo llevaban vidas difíciles al margen de la sociedad.

Siempre que dejamos volar la imaginación empezamos a contar historias misteriosas, ¡y es que nos gusta mucho asustarnos! Las brujas siempre nos han dado miedo porque son poderosas. A medida que aprendas cosas nuevas sobre ellas, entenderás que su poder no es bueno ni malo en sí mismo, sino que puede usarse con distintos fines. Tú también puedes crear tus propias historias sobre las brujas, el poder y el miedo.

También puedes tener tanta curiosidad como un gato negro.

¡Y también puedes soñar con volar!

Prof. Diane Purkiss
Asesora

Introducción

Desde que el ser humano cree en la magia, ha contado historias sobre las personas capaces de manejarla. Y entre todas ellas, las más misteriosas de todas son las brujas. Desde los oscuros bosques de Rusia hasta las soleadas calles de México, las brujas aparecen en la historia y el folclore de casi todas las culturas del mundo. Pero ¿qué es una «bruja»? ¿Y por qué nos fascinan tanto?

En este libro viajaremos a través del tiempo para descubrir la extraordinaria historia de las brujas. Las historias que iremos conociendo son complejas. A veces pueden ser oscuras y perturbadoras, pero a la vez simbolizan la resistencia, la fortaleza y la valentía para destacar y ser uno mismo.

¡Espero que disfrutes aprendiendo sobre este tema mágico! En cuanto a qué es una bruja... ¡te dejo a ti decidirlo!

Hazel Atkinson
Autora

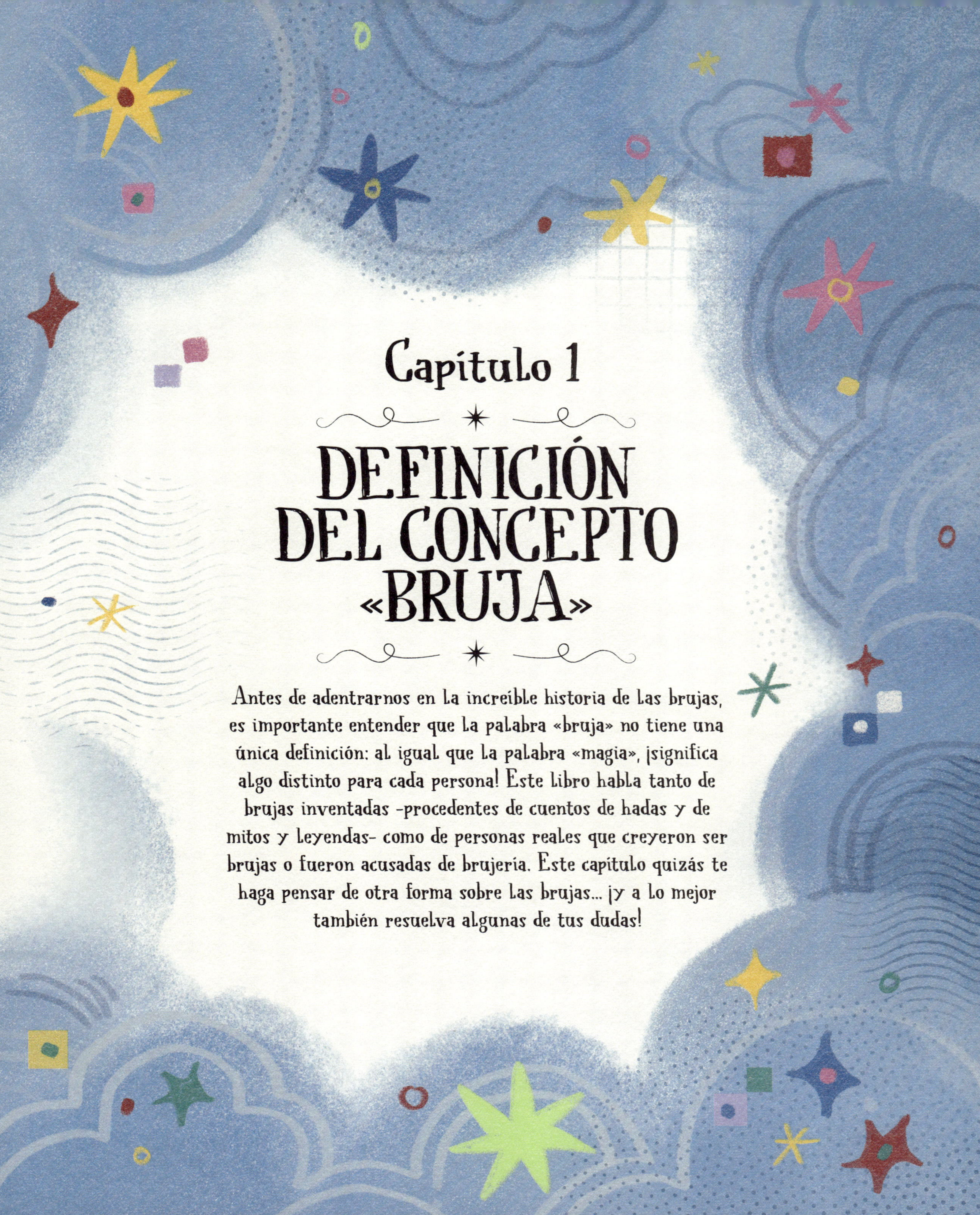

Capítulo 1

DEFINICIÓN DEL CONCEPTO «BRUJA»

Antes de adentrarnos en la increíble historia de las brujas, es importante entender que la palabra «bruja» no tiene una única definición: al igual que la palabra «magia», ¡significa algo distinto para cada persona! Este libro habla tanto de brujas inventadas -procedentes de cuentos de hadas y de mitos y leyendas- como de personas reales que creyeron ser brujas o fueron acusadas de brujería. Este capítulo quizás te haga pensar de otra forma sobre las brujas... ¡y a lo mejor también resuelva algunas de tus dudas!

¿QUÉ es una BRUJA?

Las brujas siempre nos han fascinado. En todo el mundo se han compartido desde siempre historias llenas de magia y misterio, protagonizadas por poderosas hechiceras y temibles viejas arrugadas. La creencia en las brujas también ha tenido un importante papel en nuestra historia: muchas personas inocentes han sido acusadas de practicar magia dañina. Pero ¿qué es exactamente una bruja? Alguna vez te has preguntado...

¿DE DÓNDE VIENEN LAS BRUJAS?

¿LAS BRUJAS SON REALES O IMAGINARIAS?

¿QUIÉN CREE EN LAS BRUJAS?

¿LAS BRUJAS SON BUENAS O MALAS?

¿LAS BRUJAS SON VIEJAS O JÓVENES?

¿LAS BRUJAS SON SIEMPRE MUJERES?

¿LAS BRUJAS PUEDEN VOLAR?
¿LAS BRUJAS SON DÉBILES O PODEROSAS?
¿LAS BRUJAS TIENEN MASCOTAS?
¿EXISTEN BRUJAS FAMOSAS?
¿QUÉ ES LA MAGIA?
¿LAS BRUJAS PREPARAN PÓCIMAS?
¿LAS BRUJAS LANZAN HECHIZOS?
¿LAS BRUJAS USAN VARITAS MÁGICAS?
¿LAS BRUJAS SON SERES HUMANOS O SOBRENATURALES?

¿TODAS LAS BRUJAS SON MUJERES?

Las historias sobre la magia son tan antiguas como la humanidad misma, e incluso en algunos de los primeros ejemplos conocidos de escritura ya se hablaba de las brujas. Sin embargo, cuesta bastante definir exactamente qué son, aunque la mayoría de las personas acusadas de brujería fueron mujeres. Aún hoy en día, la típica imagen de la bruja es la de una anciana con un sombrero puntiagudo y una escoba. Pero ¿por qué?

La relación entre las mujeres y la brujería se remonta a la antigua Mesopotamia, cuando en muchos textos se afirmaba que las brujas eran mujeres. En la literatura de las antiguas Grecia y Roma, se decía que la magia peligrosa la obraban siempre las mujeres, y en la antigua China, durante la dinastía Zhou, el poder del *wu* se asociaba a ellas. Estas antiguas creencias influyeron en los escritores europeos de principios de la Edad Moderna, quienes las mezclaron con sus ideas sobre la forma de ser de la mujer. Así, en el siglo XV, la figura femenina quedó muy ligada a la brujería.

A principios de la Edad Moderna, era mucho más probable que una mujer fuera acusada de brujería. En Inglaterra, el 90 % de las personas acusadas fueron mujeres, más o menos como en el resto del mundo. Aunque esto no significa que solo las mujeres pudieran ser acusadas de brujería: en algunos países del norte y el este de Europa, como Islandia, Finlandia y Rusia, la mayoría de los juzgados fueron hombres.

Mujeres hechiceras

Durante mucho tiempo, por culpa de la idea que se tenía sobre el carácter de las mujeres, era más habitual que se las acusara a ellas de brujería. Se creía que eran más débiles que los hombres, además de codiciosas, celosas y mentirosas. Por eso, mucha gente pensaba que era más fácil que se dejaran llevar por el mal. La brujería también se consideraba una actividad secreta, algo malo que se hacía a escondidas. Se decía que podía causar daño a los animales, estropear la leche, hacer enfermar a los niños o pudrir la comida. Y como las mujeres eran quienes más se ocupaban de las tareas del hogar, era más probable que se sospechara de ellas. Las más vulnerables —como las ancianas, las pobres o las que vivían solas— corrían aún más peligro, ya que la sociedad las veía como una carga. Aunque la mayoría de las acusadas no habían hecho nada malo, algunas mujeres usaban la fama de «bruja» para su beneficio y aprovechaban el miedo que daban para hacerse respetar.

Los acusadores

Sabemos que las mujeres eran las más sospechosas de practicar brujería... pero ¿quién las acusaba? La mayoría de las veces, las acusaciones venían de las propias aldeas, donde los problemas entre vecinos podían alargarse durante años antes de estallar. De hecho, quienes las solían acusar eran otras mujeres, con el apoyo de testigos masculinos. Sin embargo, como a principios de la Edad Moderna los cargos importantes siempre los tenían los hombres, eran ellos quienes acababan dictando sentencia en los juicios.

ESTEREOTIPOS SOBRE LAS BRUJAS

Un estereotipo es una idea sobre algo que resulta demasiado simple o exagerada. Cuando imaginamos a una bruja, solemos basarnos en estereotipos para formarnos su imagen. Medios como el cine, la TV y los libros han influido en estas ideas, pero muchos de esos estereotipos vienen de cientos de años atrás y están relacionados con la historia de la brujería.

«¡Las brujas son distintas!»

Esta idea procede de la Europa de principios de la Edad Moderna y de sus ideas equivocadas sobre las personas que tenían un aspecto distinto. Se creía que las marcas naturales en el cuerpo, como las verrugas o las manchas de nacimiento, «demostraban» que quien las tenía practicaba la brujería.

«¡Las brujas son viejas!»

Es posible que te imagines a una bruja como a una mujer arrugada o encorvada. Esto es así porque, a principios de la Edad Moderna, en Europa las mujeres mayores eran las más acusadas de brujería. En la antigua Grecia, en cambio, las brujas se imaginaban como jóvenes hechiceras. Y en otros lugares, la magia se asociaba a hombres de mediana edad que obtenían sus poderes estudiando textos antiguos.

«¡Las brujas son malvadas!»

En la mayoría de las culturas, las brujas se han visto como personas malvadas que usaban la magia para hacer daño. Se decía que podían provocar tormentas, echar a perder las cosechas, enfermar a los animales o invocar a los demonios para que obedecieran sus órdenes. Sin embargo, no todas las brujas eran así: algunas practicaban magia buena para ayudar en lugar de hacer daño.

«¡Las brujas vuelan en escobas!»

La idea de que las brujas pueden volar es habitual en muchas culturas. Algunas viajaban en escoba, pero otras usaban medios mucho más curiosos, como un mortero o una brizna de hierba. Algunas culturas creían que las brujas podían transformarse en monstruos y volar con sus alas.

«¡Las brujas tienen la piel verde!»

Esta idea es mucho más reciente, ya que las primeras brujas con la piel verde no aparecieron hasta 1939. En la película *El mago de Oz*, los diseñadores de vestuario decidieron usar ese color para hacer que la Bruja Mala del Oeste diera más miedo. Y, además, ¡quedaba muy bien en la peli!

«¡Las brujas adoran los gatos negros!»

Los gatos negros y las brujas suelen ir siempre juntos. Pero ¿por qué? A principios de la Edad Moderna, los habitantes de Gran Bretaña creían que las brujas tenían «familiares»: demonios que se transformaban en animales y las ayudaban con su magia. Los gatos negros eran muy habituales, pero también podían tener perros, ratones, pájaros o hasta insectos.

«¡Las brujas viven solas!»

En los cuentos populares, las brujas suelen vivir solas, en casas mágicas y misteriosas. La verdad era que, en la vida real, resultaba más fácil acusar de brujería a las mujeres que vivían solas, como las viudas. En algunas culturas indígenas de América, también se creía que quienes practicaban magia oscura eran personas que vivían aisladas de los demás.

CRONOLOGÍA de la BRUJERÍA

La brujería forma parte de la historia de la humanidad desde hace miles de años y se puede encontrar en culturas de todo el planeta. Esta cronología te muestra lo extensa y variada que es esa historia y te avanza algunas de las cosas que irás descubriendo en las próximas páginas.

10.000-2200 a. C.
Durante el Neolítico, los pueblos prehistóricos usan la magia y los rituales para dar sentido al mundo que los rodea.

c. 1000 a. C.
En Mesopotamia se escriben los textos *Maqlû*. Estas tablillas contienen hechizos y rituales para protegerse de la brujería.

c. 700 a. C.
Los textos religiosos judíos, como el Éxodo, el Levítico y el Deuteronomio, incluyen leyes contra la brujería.

c. 700-600 a. C.
Homero escribe la *Odisea*. En este antiguo poema, el héroe griego Odiseo se enfrenta a la hechicera Circe.

c. 449 a. C.
En Roma se publican las Doce Tablas, un conjunto de leyes que incluyen reglas contra el uso de la magia con malos fines.

c. 130 a. C.
La emperatriz Chen Jiao es acusada de brujería en China junto con muchas otras personas. Como castigo, la obligan a exiliarse de la corte.

c. 60 a. C.
Los romanos fundan Aquae Sulis, hoy en día conocida como Bath, una ciudad balneario de Gran Bretaña. Dejan tablillas con maldiciones en los manantiales sagrados para desearles el mal a sus enemigos.

1324 d. C.
Alice Kyteler se convierte en la primera persona juzgada por brujería en Irlanda junto con sus compañeras.

1482 d. C.
Cristóbal Colón cruza el océano Atlántico y «descubre» América. Empieza un proceso de colonización que cambiará el mundo. Los colonizadores no comprenden las creencias de los pueblos indígenas y las tildan de magia oscura.

1486 d. C.
Se publica el *Malleus Maleficarum*, o «Martillo de las brujas». Este libro enseña a cazar e identificar a las «brujas» y vincula directamente a las mujeres con la brujería.

1517 d. C.

Martín Lutero inicia la Reforma protestante. Este importante cambio religioso hace crecer las tensiones y los miedos relacionados con la brujería.

1519-1521 d. C.

España conquista a los aztecas. Durante los años siguientes, la Inquisición mexicana lleva a juicio a muchos acusados de «brujería». A menudo se trata de hombres y mujeres indígenas, cuyas tradiciones no son respetadas ni comprendidas.

c. 1526-1827 d. C.

El comercio atlántico de esclavos provoca que más de 12,5 millones de hombres, mujeres y niños africanos sean esclavizados y transportados a América para trabajar en las plantaciones. Esto da lugar a la creación de religiones como la santería y el vudú, que los colonizadores europeos confunden con la brujería.

1590 d. C.

En los juicios por brujería de North Berwick, un grupo de «brujas» escocesas son acusadas de haber intentado matar al rey Jacobo VI de Escocia.

1612 d. C.

En los juicios por brujería de Pendle, en el condado inglés de Lancashire, 12 personas son acusadas de brujería.

1623-1631 d. C.

En Bamberg, Alemania, hasta 900 personas son acusadas y ejecutadas en varios juicios por brujería.

1645-1647 d. C.

Durante la Guerra Civil inglesa, bajo el mando de Matthew Hopkins (conocido como el «general cazador de brujas»), cientos de personas son acusadas de brujería en los juicios de East Anglia.

1660 d. C.

En Inglaterra se funda la Royal Society, una institución dedicada a la ciencia, en la que se celebran y fomentan los nuevos descubrimientos científicos. Aumenta el escepticismo sobre la brujería.

1692 d. C.

Durante los juicios por brujería de Salem, la histeria se extiende por el pueblo de Salem (Massachusetts, Estados Unidos) y 19 personas son ejecutadas por brujería.

1735 d. C.

La Ley de Brujería de 1735 convierte en delito proclamar que alguien practique la brujería en Gran Bretaña. Esto marca el fin de los juicios por brujería en el país.

1783 d. C.

En Doruchów, Polonia, se celebran los últimos grandes juicios por brujería de Europa.

1848 d. C.

Las hermanas Kate y Maggie Fox fundan el movimiento espiritista, que se extiende por América y Europa. La gente acude a los médiums para hablar con los «espíritus» de sus seres queridos.

1939 d. C.

Se estrena la película *El mago de Oz*. El atuendo y el carácter de la Bruja Mala del Oeste influirán en la forma de ver a las brujas durante el siglo siguiente.

1954 d. C.

Gerald Gardner, considerado el fundador de la wicca, publica *Witchcraft Today*, el libro más influyente de esta religión.

MAGIA, RELIGIÓN y BRUJERÍA

A lo largo de la historia, la magia, la religión y la brujería han estado muy unidas. Sin embargo, la mayoría de las culturas han hecho distinciones importantes entre ellas, ya que cada una tiene un significado distinto según el pueblo o la época. Entonces, ¿en qué consisten en cada caso?

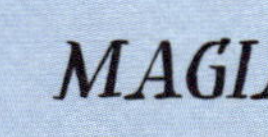

MAGIA

¿Qué es la magia?

En el pasado, la gente no siempre distinguía entre magia, ciencia y religión. Hoy en día, cuando hablamos de magia, solemos pensar en sucesos sobrenaturales o poderes extraordinarios que no tienen explicación científica. Pero definir la magia no es fácil, porque significa cosas distintas para cada persona. Puede servir para curar, para proteger con amuletos, para bendecir... o hasta para lanzar maldiciones.

Formas de hacer magia

Existen muchas formas de hacer magia, como lanzar hechizos o maldiciones, preparar pócimas, predecir el futuro o comunicarse con los espíritus. A veces se usa para ayudar, y otras, para hacer daño.

¿Quién practica la magia?

A lo largo de la historia y en las leyendas y los mitos de las distintas culturas del mundo, mucha gente ha usado la magia. Algunas de estas personas eran reales y otras, inventadas. Hechiceras, brujos, magos, adivinos, astrólogos, nigromantes, sacerdotes, ilusionistas, sabios populares... ¡y, por supuesto, brujas!

RELIGIÓN

¿Qué es la religión?

La religión es la creencia en seres o poderes sobrenaturales, como dioses o diosas, y el culto hacia ellos. Muchas religiones tienen reglas o prácticas que sus creyentes deben cumplir. En algunas culturas, sobre todo en la Antigüedad, no se distinguía entre magia y religión. Otras, en cambio, como el cristianismo, las ven como cosas distintas.

Dioses y demonios

Los dioses son seres sobrenaturales con poder sobre las personas y la naturaleza. Muchas religiones también creen en los demonios, espíritus malignos que quieren hacer daño a los humanos. Algunas culturas usan la magia como protección contra ellos, mientras que a otras les da miedo que las brujas los invoquen para hacer daño.

Santos y milagros

Un milagro es un hecho sorprendente que, según algunas religiones, ocurre gracias a fuerzas sobrenaturales. En el cristianismo, por ejemplo, los milagros suelen ser obra de los santos, personas especiales elegidas por Dios. Los milagros pueden consistir en la curación de enfermedades o la transformación de una cosa en otra, por ejemplo. Para muchas religiones, los milagros no son magia porque proceden de Dios, aunque hay personas que sí los consideran algo mágico.

BRUJERÍA

¿Qué es la brujería?

La brujería es la práctica de la magia. Durante gran parte de la historia, muchas culturas pensaron que era un tipo de magia peligrosa que se usaba para hacer daño a través de hechizos, amuletos, maldiciones, pócimas o invocando a los demonios. Se creía que las brujas eran personas malvadas, que vivían alejadas de los demás y tenían malas intenciones. En este libro descubrirás de dónde surgieron todas estas ideas.

Brujería moderna

Con el tiempo, la palabra «brujería» ha pasado a tener muchos significados distintos. Hoy en día, una bruja puede ser cualquier persona que practique la magia, tanto si es para hacer cosas buenas como malas. A veces, la brujería se relaciona con prácticas espirituales como la curación o la meditación. Algunas personas la consideran como parte de su religión y otras la practican por su cuenta.

1. La Morrigan
Irlanda

La Morrigan es una famosa diosa de la mitología irlandesa que podía cambiar de forma. Se la asocia a la guerra, la magia y el destino.

2. Ceridwen
Gales

Ceridwen es una hechicera de la mitología galesa. Tenía un caldero mágico y dio a luz al famoso poeta Taliesin.

3. Nicneven
Escocia

Nicneven es una bruja o reina de las hadas del folclore escocés. Tiene poderes sobre la tierra y el mar y cuenta con un grupo de ninfas a su servicio.

4. Circe
Grecia

Circe es una bella hechicera de la antigua mitología griega. Usa su varita mágica para convertir a los hombres en cerdos.

20. La bruja de Bell
Estados Unidos

La bruja de Bell es una bruja legendaria del condado de Robertson, en Tennessee, Estados Unidos. Conocida como «la vieja Kate», se dice que su fantasma persiguió a la familia de John Bell a principios del siglo XIX.

19. Soledad de Córdoba
México

La leyenda de Soledad procede de México. Era una herbolaria que, después de ser encarcelada por la Inquisición mexicana, usó sus poderes mágicos para escapar y volver a ser libre.

18. Pachamama
Cordillera de los Andes

La Pachamama es una diosa de los pueblos indígenas que viven en los Andes, en América del Sur. Es la «madre Tierra» que cuida las cosechas y también puede provocar terremotos.

LEYENDAS de todo el MUNDO

América del Norte

20

19

América del Sur

18

Las brujas forman parte de los mitos y las leyendas de muchas culturas del mundo. Pueden ser diosas poderosas, hechiceras sabias y hasta peligrosos demonios. ¿Cuántas de estas historias famosas sobre brujas de todo el mundo conoces?

17. Oya
Nigeria

Oya es una diosa yoruba nigeriana, conocida como la «Gran Madre de las Brujas». Puede provocar tormentas y controlar el agua.

16. Yamauba
Japón

Las yamauba son brujas de las montañas que viven en las cumbres de Japón. Parecen ancianas inofensivas, pero son muy peligrosas para los viajeros perdidos.

15. Chen Jinggu
China

Chen Jinggu es una diosa china protectora de mujeres y niños. Se formó como sacerdotisa taoísta y rescató a su pueblo de la sequía y el hambre.

5. Grímhildr

Escandinavia

Esta malvada hechicera procede de la mitología nórdica. Aparece en la *Saga de los Volsungos* y engaña al héroe Sigurðr para que se case con su hija.

6. Louhi

Finlandia

Louhi es una poderosa reina bruja de la mitología finlandesa. Puede cambiar de forma y aparece en el poema épico *Kalevala*.

7. Mélusine

Francia

Mélusine es una hechicera de una leyenda francesa. Tiene la parte superior del cuerpo de una hermosa mujer y la parte inferior del cuerpo de un pez.

8. La Befana

Italia

La Befana es una alegre bruja del folclore italiano que, según se cuenta, reparte regalos y dulces a los niños de Italia en la víspera de la Epifanía.

9. Jenny Greenteeth

Inglaterra

Jenny Greenteeth es una bruja del folclore inglés. Se esconde en los ríos, a la espera de arrastrar a sus víctimas al agua.

10. Baba Yaga

Rusia y Ucrania

Baba Yaga es una bruja del folclore de Europa del Este. Vive en una casa con patas de gallina y vuela por el cielo nocturno montada en un mortero.

11. Medea

Georgia

Medea es una poderosa bruja de la Cólquida (en la actual Georgia). En la mitología griega, se enamora del héroe Jasón y lo ayuda a conseguir el vellocino de oro.

12. Bruja de Endor

Israel

Esta bruja de la tradición judía podía hablar con los muertos. El rey Saúl le pidió que invocara al espíritu del profeta Samuel, quien le dijo que estaba condenado.

14. Zhalmauyz Kempir

Kazajistán

Zhalmauyz Kempir es una bruja de los cuentos populares de Kazajistán. A veces se la muestra como una anciana malvada con muchos poderes, desde una fuerza colosal hasta la capacidad de transformarse y moverse a gran velocidad.

13. Lilith

Irak

Este demonio procede de la mitología judía y mesopotámica. Se dice que fue la primera esposa de Adán, el primer ser humano, y se la compara con el malvado demonio mesopotámico Lamashtu, que aterrorizaba a mujeres y niños.

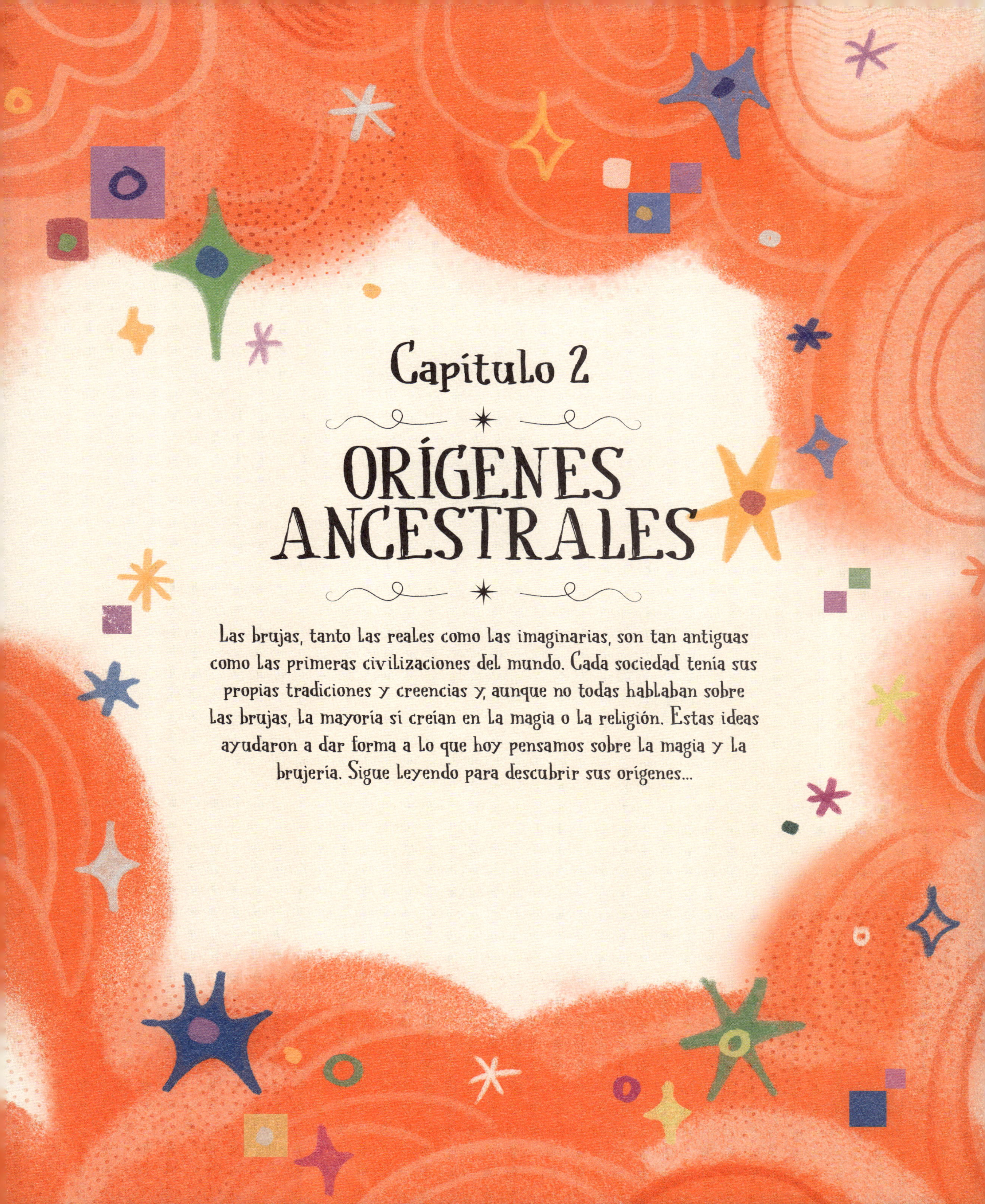

Capítulo 2

ORÍGENES ANCESTRALES

Las brujas, tanto las reales como las imaginarias, son tan antiguas como las primeras civilizaciones del mundo. Cada sociedad tenía sus propias tradiciones y creencias y, aunque no todas hablaban sobre las brujas, la mayoría sí creían en la magia o la religión. Estas ideas ayudaron a dar forma a lo que hoy pensamos sobre la magia y la brujería. Sigue leyendo para descubrir sus orígenes...

FUENTES ANCESTRALES

¿Por qué sabemos tantas cosas sobre las antiguas creencias mágicas? La mayor parte de nuestros conocimientos proceden de la literatura de distintas culturas, conservada en tablillas de arcilla, rollos de papiro, libros y cuentos narrados en voz alta.

LIBRO DE LOS MUERTOS DE EGIPTO

El Libro de los Muertos es un texto del antiguo Egipto escrito en rollos de papiro con unos símbolos llamados jeroglíficos y bonitas ilustraciones. Contiene hechizos que, según se creía, ayudaban a las personas a cruzar el inframundo y llegar a la otra vida.

EL TANAJ

El Tanaj es un texto religioso judío, también conocido en hebreo como *Mikrá*. Está compuesto por la Torá, los Nevi'im y los Ketuvim. El Tanaj incluye la historia de la bruja de Endor, una hechicera que invocó al espíritu del profeta Samuel para el rey Saúl de Israel.

PAPIROS MÁGICOS GRIEGOS

Los papiros mágicos griegos son una colección de rollos de papiro encontrados en Egipto. Fueron escritos entre los años 100 a. C. y 400 d. C. y contienen todo tipo de hechizos: desde magia de amor hasta instrucciones para crear amuletos mágicos. En estos textos se mezclan creencias y rituales de los griegos, egipcios y romanos, lo que nos ayuda a entender cómo estas culturas se influían las unas a las otras.

EL ATHARVAVEDA INDIO

El Atharvaveda es uno de los cuatro Vedas: textos sagrados hindúes de la antigua India, escritos hacia el 1200 a. C. Contiene himnos y conjuros para la protección, la curación y el éxito. Los encantamientos que prometían salud, larga vida o la victoria en una batalla ayudaban a las personas a sentirse más seguras en un mundo lleno de peligros e incertidumbre.

PICATRIX

El Picatrix, o Ghāyat al-Hakīm, es un libro de hechizos de la España árabe del siglo XI. Reúne textos mágicos y astrológicos de origen árabe, persa y clásico. En sus páginas hay hechizos para crear talismanes y rituales capaces de controlar el poder de las estrellas y los planetas.

EL POPOL VUH

El Popol Vuh es un antiguo manuscrito maya que cuenta la historia y la mitología del pueblo quiché. Entre sus relatos más conocidos, está el de los Héroes Gemelos, Hunahpú y Xbalanqué, que usan la magia para sortear todo tipo de peligros y vencer a los señores del inframundo maya. Este libro es muy importante porque apenas se conservan otros textos sobre las mitologías mesoamericanas, ya que muchos fueron destruidos por los invasores.

EL CORPUS SAGRADO DE IFÁ

También conocido como *Odu Ifá*, el corpus sagrado de Ifá es una antigua recopilación de textos de adivinación. Estos fueron transmitidos oralmente por el pueblo yoruba de Nigeria y se fueron escribiendo a lo largo de muchos siglos. Se basan en las enseñanzas de Orunmila, un sabio yoruba, y contienen rituales, hechizos y conjuros para ayudar a tomar decisiones importantes. Quienes practican esta forma de adivinación, como los *babalawo*, los *iyaláwo* o los *iyánífá*, interpretan sus signos y símbolos para ofrecer orientación.

MAGIA MESOPOTÁMICA

Mesopotamia (10.000-539 a. C.), cuyo nombre significa «entre ríos», fue una gran región que se extendía entre los ríos Tigris y Éufrates y abarcaba la mayor parte de lo que hoy conocemos como Irak. Su influencia, sin embargo, fue mucho más allá de ese territorio. En esta zona vivieron algunas de las primeras civilizaciones del mundo, como los sumerios, los acadios y los babilonios.

¿EN QUÉ CREÍAN LOS MESOPOTÁMICOS?

Los mesopotámicos creían en un mundo sobrenatural en el que la magia estaba por todas partes, desde los dioses y diosas a los que rezaban hasta unos pequeños demonios que les causaban muchos problemas. Pensaban que la magia podía usarse para dañar o curar y que muchos de los desastres naturales que sufrían eran provocados por demonios o brujas. Sus videntes, llamados *bārû*, intentaban predecir el futuro observando las estrellas e interpretando los presagios.

BRUJAS

En la cultura mesopotámica, las brujas, conocidas como *kaššapu* o *kaššaptu*, eran muy temidas. Solían ser mujeres, aunque algunos hombres también hacían brujería. La gente creía que las brujas podían causar daño lanzando maldiciones: a veces cogían pequeñas muñecas u objetos de sus víctimas y les hacían magia maligna en secreto. Aunque la mayoría eran personas marginadas, es posible que la gente acudiera a ellas en busca de ayuda, ¡quizás para maldecir a sus enemigos!

LOS ENEMIGOS DE LAS BRUJAS

Los adversarios de las brujas eran los magos llamados *āšipu*. Estas figuras religiosas servían a los dioses y se pasaban años estudiando su oficio a partir de textos mágicos. Los *āšipu* solían colaborar con los sanadores para curar a los enfermos. Usaban amuletos y hechizos para ahuyentar a los demonios y vencer a la magia maligna.

Este sello muestra a un *āšipu* con un manto hecho de piel de pescado. El hombre a su lado podría estar visitando al *āšipu* para curarse de una enfermedad.

Las tablillas *Maqlû* contenían instrucciones para combatir la brujería quemando estatuillas.

DATOS HISTÓRICOS

La mayor parte de lo que sabemos sobre la antigua Mesopotamia procede de las tablillas de arcilla encontradas por los arqueólogos. Los mesopotámicos escribían en ellas, mediante una escritura llamada cuneiforme, desde sus listas de la compra hasta relatos épicos. En las bibliotecas se guardaban miles. Algunas se conocen como *Maqlû*, que significa «quemaduras». Las tablillas *Maqlû* dan instrucciones para enfrentarse a las brujas, y parece ser que los *āšipu* las usaban a menudo.

PROTECCIÓN CONTRA EL DAÑO

Los mesopotámicos se protegían de la magia dañina participando en rituales religiosos, rezando a los dioses y llevando amuletos. Estos amuletos solían tener la forma del espíritu al que querían mantener alejado, como el demonio de la peste Namtaru. También podían pedirles ayuda a los *āšipu* si pensaban que una bruja los estaba molestando.

Se dice que esta placa de bronce ofrecía protección contra los demonios Lamashtu y Pazuzu.

MAGIA EGIPCIA

En el antiguo Egipto, la magia, conocida como *heka*, formaba parte de la vida cotidiana y era muy importante para comprender el mundo. Aunque no existía la figura de la «bruja» como tal, se creía que algunas personas, como los sacerdotes y los reyes, dominaban la magia mejor que nadie. La magia se usaba para curar enfermedades, hacer crecer las cosechas, maldecir a los enemigos o ayudar a los muertos a llegar al más allá. El más allá era muy importante para los antiguos egipcios, ya que era el lugar a donde pensaban que iban al morir.

¿Qué es la *heka*?

Los antiguos egipcios creían que el dios creador Atum usó la *heka* para crear el universo. En la Tierra, solo las personas poderosas, como los reyes y los sacerdotes, podían usar la *heka*. El faraón recibía el nombre de *hekau*, que significa «poseedor de magia». Se pensaba que su cuerpo contenía magia, ¡y por eso era muy importante deshacerse de su pelo y sus uñas de la forma correcta! Los sacerdotes lectores, llamados *hery-heb*, estaban muy relacionados con la magia, ya que en el antiguo Egipto se creía que la *heka* y el poder de las palabras eran una misma cosa. Para llevar a cabo sus ritos mágicos, solían leer un conjuro o encantamiento en voz alta y llevar a cabo una acción, como hacer un nudo o fabricar un amuleto.

Dioses y *heka*

Aunque se creía que todos los dioses poseían *heka*, algunos eran más poderosos que otros. Sejmet, la diosa leona, era respetada y temida por sus habilidades mágicas. Se creía que tenía siete flechas capaces de atraer la peste y la enfermedad, y también que podía soltar demonios para sembrar el caos al final del año. Para protegerse de ellos, los magos recitaban un conjuro especial llamado *Libro de los últimos días del año* e intercambiaban amuletos con la forma de Sejmet. La diosa Isis también era conocida como *Weret-Kekau*, que significa «Gran Dama de la Magia». Tras la muerte de su esposo Osiris, recogió las partes de su cuerpo y lo ayudó volver a la vida.

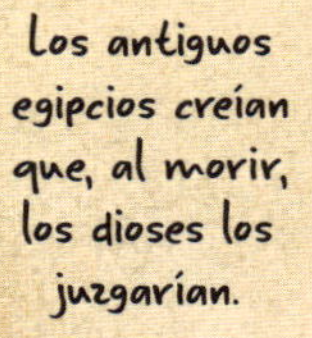

Los antiguos egipcios creían que, al morir, los dioses los juzgarían.

Tot, el dios de la luna, la sabiduría y la escritura, estaba asociado a la magia. Se creía que él había inventado los jeroglíficos.

MUERTE Y MAGIA

Para los antiguos egipcios, la muerte era algo muy importante. Los ricos construían tumbas muy elaboradas para enterrar a sus muertos, y tanto los rituales de momificación –en los que el cuerpo se secaba y se envolvía en vendas– como el entierro duraban muchos días.

Los amuletos de escarabajo otorgaban los poderes de la vida y la regeneración a los difuntos.

Se creía que los anj otorgaban la vida eterna.

El ojo de Horus ofrecía protección y el poder del renacimiento.

Los antiguos egipcios les ponían amuletos a los muertos para protegerlos en su viaje al más allá.

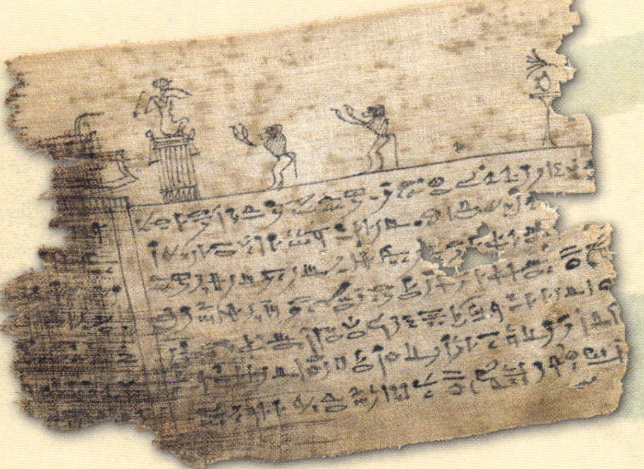

Los muertos eran enterrados con fragmentos de obras como el Libro de los muertos para guiar y proteger sus almas. Además, a veces se escribían hechizos en las paredes de las tumbas.

Cuando una persona moría, se creía que su alma, conocida como *ba*, viajaba hasta el más allá. Para lograrlo, tenía que superar una serie de pruebas o enfrentarse a una segunda muerte. Para afrontar este difícil camino, se podía recurrir a la *heka*. Si el alma se topaba con los demonios u otros peligros, podía usar palabras y gestos mágicos para derrotarlos.

¿CURACIÓN O DAÑO?

En el antiguo Egipto, la magia y la medicina iban de la mano. Para curar a los pacientes, se combinaban hechizos y rituales con remedios físicos. Como se pensaba que las enfermedades eran causadas por los espíritus malignos, los sacerdotes llevaban a cabo ceremonias especiales para ahuyentarlos... ¡a veces usando ingredientes tan apestosos como el estiércol!

La magia no solo se usaba para curar, sino que también podía servir para hacer daño, y uno de los métodos más habituales eran las maldiciones. A veces se escribía el nombre de un enemigo en figuras de arcilla o vasijas, que luego se clavaban en el suelo. Se han encontrado maldiciones escritas en las paredes de las tumbas para advertir a los saqueadores y amenazarlos con el ataque de terribles criaturas.

Si el difunto superaba todas las pruebas y era declarado inocente, se convertía en un *aj*, o espíritu. Entonces recibía poderes mágicos que podía usar para ayudar a sus parientes vivos.

LOS MUSULMANES y LA MAGIA

El islam es una de las religiones más practicadas del mundo y tiene su origen en lo que hoy es Arabia Saudí, a principios del siglo VII, cuando el profeta Mahoma empezó a recibir mensajes de Alá (Dios). En aquella época, los habitantes de la península arábiga vivían en tribus y adoraban a muchos dioses y diosas distintos. El profeta Mahoma llevó la palabra de Alá al mundo, y la religión del islam pronto se extendió. Los mensajes que Alá hizo llegar al profeta Mahoma se escribieron en el Corán, el libro sagrado de los musulmanes.

JINN

Los *jinn* son espíritus que pueden cambiar de forma. Aunque son invisibles para los humanos, tienen poderes extraordinarios. La gente ya creía en los *jinn* mucho antes de la llegada del islam, pero el Corán los acepta como creación de Alá y aparecen en muchas de sus historias. Igual que las personas, la mayoría de los *jinn* no son ni buenos ni malos, sino ambas cosas a la vez. Algunos se conocen como *shayatin* y son demonios peligrosos a los que hay que temer.

HECHICERÍA

El Corán considera que la magia es perjudicial y prohíbe su uso. La palabra árabe para referirse a la magia es *sihr*.

SE DICE QUE LOS JINN ESTÁN HECHOS DE FUEGO SIN HUMO, MIENTRAS QUE LOS HUMANOS ESTÁN HECHOS DE TIERRA.

LA HISTORIA DE HARUT Y MARUT

Harut y Marut eran dos ángeles de la mitología islámica. Su historia aparece en el Corán.

Un día, Harut y Marut se quejaron con Alá porque los humanos desobedecían sus palabras, pero no se los castigaba por sus errores. En lugar de enfadarse, Alá retó a los ángeles a bajar a la Tierra para que intentaran resistir a las tentaciones que tanto les reprochaban a los humanos.

«Puede que descubráis», dijo Alá, «¡que no sois más santos que los humanos a los que juzgáis!».

En cuanto los ángeles llegaron a la Tierra, cayeron en la tentación de pecar y cometieron varias fechorías. Una de ellas fue enseñar magia y hechicería a los habitantes de Babilonia, una antigua ciudad de Mesopotamia. Aunque los ángeles fueron castigados por ello, ya era demasiado tarde: el conocimiento mágico se había extendido por el mundo. Esta historia sirve como advertencia sobre los peligros de la magia para los musulmanes.

ASTROLOGÍA

La magia y la hechicería están prohibidas en el Corán, aunque en la cultura preislámica se daba mucha importancia a la adivinación y la astrología. La magia astral (magia de las estrellas y los planetas) tiene una larga historia en muchas culturas del mundo. La astrología se desarrolló junto a ella, y la gente que la estudiaba se dedicó a elaborar horóscopos y a buscar conocimientos ocultos en los astros.

MAGIA CHINA

La magia ha sido una parte muy importante de la historia de China durante miles de años. Muchos aspectos de la magia china están relacionados con la filosofía, la religión y las tradiciones culturales que se siguen practicando hoy en día. En la antigua China, algunas dinastías (familias que gobernaron durante generaciones) respetaban y valoraban a quienes practicaban la magia, aunque no siempre fue así.

Wu es una palabra del chino antiguo que significa «hechicero». Los *wu* podían ser hombres o mujeres, pero en la última dinastía Zhou (aproximadamente, entre el 1046 y el 256 a. C.) la palabra solía usarse para referirse a las hechiceras. Se creía que estas mujeres tenían poderes asombrosos, como la capacidad de curar a la gente, luchar contra los espíritus malignos, adivinar el futuro, interpretar los sueños o hasta invocar la lluvia.

Hay otra palabra china que también suena como *wu*, pero que en este caso significa «bailar». Y es que el movimiento era muy importante en los rituales de los *wu*, ya que en ellos ejecutaban una especie de danzas giratorias en las que hablaban con los espíritus y hacían que los objetos se movieran por el aire.

Wu es una palabra china que significa «hechicero».

INVOCADORES DE LLUVIA

En la antigua China, las sequías eran frecuentes. Había temporadas en las que no llovía y la tierra se secaba y no daba frutos. Para invocar la lluvia, los *wu* ejecutaban rituales para pedir que volviera y bendijera sus cosechas. Estos rituales podían ser danzas especiales o ceremonias en las que se usaba el fuego. Algunos *wu* hacían estos rituales de forma voluntaria, mientras que otros eran obligados a ello.

MAGIA Y DINASTÍAS

Durante la dinastía Zhou, los hombres y las mujeres empezaron a estar cada vez más divididos, ya que ellos creían que eran más importantes que ellas. Los *wu*, muchos de los cuales eran mujeres, empezaron a considerarse un peligro para la sociedad.

Durante la dinastía Han (del 206 a. C. al 220 d. C.), empezaron a extenderse las cazas de brujas. Las acusaciones de *wu-gu* —un tipo de magia maligna— empezaron a extenderse por la corte imperial, y el castigo por practicarla era la muerte. Uno de estos escándalos llegó a afectar a una emperatriz. Los *wu*, que habían sido tan respetados en el pasado, empezaron a temer por sus vidas. A pesar de ello, existen muchas historias de mujeres *wu* que fueron convertidas en diosas y veneradas.

CHEN JINGGU

Varias leyendas chinas nos hablan de la diosa Chen Jinggu. Una de ellas cuenta que Chen Jinggu nació de una gota de sangre de la diosa Guanyin y fue criada por la familia Chen. Guanyin, la diosa de la misericordia y la bondad, había prometido casarse con un hombre llamado Liu Qi, pero al final creó a Chen Jinggu para que lo hiciera en lugar de ella. Sin embargo, a Chen Jinggu no le interesaba el matrimonio: prefería estudiar taoísmo, una antigua tradición religiosa y filosófica. Para evitar tener que casarse, huyó hasta el monte Lu, un lugar donde se unían los mundos espiritual y terrenal.

Tras tres años de estudio y formación en el monte Lu, Chen Jinggu se enteró de que a sus padres los estaban castigando por su decisión de evitar el matrimonio. Entonces, sin escuchar las advertencias de su maestro, se marchó del monte Lu para regresar a su ciudad natal. Chen Jinggu salvó a sus padres y usó las habilidades que había aprendido en el monte Lu para ahuyentar a los demonios. También rescató a Liu Qi de un demonio serpiente y lo curó con pócimas y talismanes. Al final, Liu Qi y Chen Jinggu se acabaron casando y ella se quedó embarazada.

En el transcurso de su embarazo, Chen Jinggu no pudo practicar sus rituales mágicos. Durante ese tiempo, una gran sequía asoló el país, y el emperador exigió a los maestros taoístas que invocaran la lluvia para ayudar. Chen Jinggu lanzó un poderoso hechizo para acabar con la sequía. Así consiguió salvar al reino, pero a cambio se sacrificó a sí misma y también al hijo que esperaba.

Tras su muerte, Chen Jinggu regresó en espíritu al monte Lu para terminar sus estudios. Se convirtió en una diosa protectora de las mujeres, los niños y el embarazo, y hoy en día todavía se la venera en toda Asia.

Se cree que la emperatriz Chen elaboraba PÓCIMAS, recitaba HECHIZOS y lanzaba MALDICIONES para recuperar a su marido.

LA EMPERATRIZ CHEN JIAO

Hace 2000 años, China fue reinada por la poderosa dinastía Han (del año 206 a. C. al 220 d. C.), una familia real que gobernó en una era de gran prosperidad. También fue una época en la que la suerte podía cambiar de un momento al otro, tal y como descubrió la emperatriz Chen Jiao cuando fue acusada de practicar magia oscura y brujería.

Chen Jiao nació en el año 165 a. C. Su madre, la princesa Guantao, deseaba un buen matrimonio para su hija y se puso a buscar un marido con poder e influencia que mejorara la posición social de la familia. Pronto se fijó en el príncipe Liu Che.

Deseosa de unir a los dos jóvenes, la princesa Guantao propuso el matrimonio al emperador Jing, pero él no quiso aprobarlo. Más tarde, durante una audiencia real, le preguntaron al príncipe Liu Che quién le gustaría que fuera su esposa. El joven rechazó a todas las candidatas hasta que vio a la encantadora Chen Jiao y aseguró que «construiría una casa de oro para ella». Entonces, el emperador Jing se dio cuenta de que el destino de la pareja era estar juntos y aceptó al fin su unión.

EL FUTURO EMPERADOR DECLARÓ QUE LE CONSTRUIRÍA UNA CASA DE ORO.

Al cabo de unos años, Liu Che subió al trono como emperador Wu y convirtió a Chen Jiao en su emperatriz. Sin embargo, el poder y la influencia no hacían feliz a Chen Jiao. Ahora que su marido era emperador, se esperaba que le diera un hijo, el heredero al trono. Pero como el hijo no llegaba, el emperador Wu empezó a tener relaciones con otras mujeres y a la emperatriz Chen Jiao se le rompió el corazón.

Desesperada por recuperar el amor de su marido, Chen Jiao buscó refugio en la magia. Fue entonces cuando apareció la poderosa hechicera llamada Chu Fu y se ofreció a ayudarla, aunque la brujería estuviera prohibida. Se dice que las dos mujeres preparaban rituales mágicos día y noche, bebían pócimas y dormían juntas en la misma cama.

Sin embargo, pronto se descubrió la relación entre la emperatriz y Chu Fu, y el escándalo sacudió el imperio. Chu Fu fue ejecutada por practicar magia oscura, junto con unas 300 personas más que se creía que también hacían brujería. Chen Jiao fue destituida como emperatriz y exiliada del país. Pasó el resto de su vida sin poder salir del Palacio de la Puerta Larga, mientras se lamentaba amargamente por haber perdido a su esposo.

MAGIA JAPONESA

La magia siempre ha sido una parte importante de la cultura japonesa, que está muy ligada a la religión y al folclore. La religión tradicional japonesa, el sintoísmo, enseña que todo -desde los ríos hasta las montañas- está habitado por *kami*. Los *kami* son espíritus con poderes que pueden ser controlados por personas con conocimientos especiales. Aunque no sean «brujas», en el folclore japonés existen muchos espíritus distintos: algunos pueden ayudar a la gente y otros pueden causar daño.

LA MAGIA EN JAPÓN

El *onmyōdō* es una práctica adivinatoria basada en los poderes del yin y el yang y de los cinco elementos: madera, fuego, tierra, metal y agua. La gente que practicaba el *onmyōdō* adivinaba el futuro, leía los presagios de las estrellas y hacía exorcismos. Sus predicciones se usaban para tomar decisiones importantes en la corte, hasta que el emperador Meiji las prohibió en 1868.

YŌKAI

Los *yōkai* son espíritus sobrenaturales del folclore japonés capaces de cambiar de forma. Los hay de muchos tipos y pueden ser buenos o malos. Están, por ejemplo, las *yamauba*, «brujas de las montañas» que viven en lo más profundo de las montañas y los bosques y se comen a los vagabundos perdidos. La leyenda cuenta que antes eran humanas, pero las expulsaron de sus pueblos y se convirtieron en monstruos.

KITSUNE

Los *kitsune* son espíritus zorro. Son un tipo de *yōkai* y pueden ser buenos o maliciosos. A medida que los *kitsune* envejecen, se vuelven cada vez más poderosos y les crecen más colas: ¡hasta nueve! Se cree que las «brujas zorro» pueden controlar a los *kitsune* haciendo pactos con ellos. Les pueden pedir favores mágicos, pero también es posible que acaben poseídas por ellos.

BAKENEKO

Los *bakeneko*, otro tipo de *yōkai*, son gatos sobrenaturales. Los *bakeneko* tienen muchas habilidades mágicas, como bailar, poseer a las personas y lanzar maldiciones. Se creía que lamían el aceite de las lámparas, y que eso era señal de que iba a pasar algo raro. Quizás era porque en aquella época la gente usaba aceite de pescado barato para encender las lámparas, ¡y a los gatos les encantaba su sabor!

LA BRUJA GATO DE OKAZAKI

Un día, a última hora de la tarde, tres viajeros volvían a casa tras una peregrinación. El viaje había sido largo y estaban cansados y hambrientos, así que decidieron parar en un templo para descansar. En el templo los recibió una amable mujer, que les dijo que se llamaba Osan y que podían pasar la noche allí. Agradecidos, los viajeros aceptaron su oferta. Sin embargo, pronto empezaron a pasar cosas raras...

Por la noche, los viajeros vieron a dos gatos bailando sobre sus patas traseras. Osan les dijo que no se preocuparan, que era algo totalmente normal. Esa misma noche, uno de los viajeros miró hacia la pared y vio algo muy extraño en la sombra de Osan. En lugar de verse la silueta de una anciana, ¡era la de un gato inmenso! Entonces, el viajero se dio cuenta de que Osan era en realidad un bakeneko y de que corría un gran peligro. Se marchó corriendo del templo, aliviado de haber escapado con vida...

Sin embargo, sus dos amigos no tuvieron tanta suerte.

MAGIA GRIEGA

Al igual que en muchas otras culturas de la Antigüedad, la magia tuvo un papel muy importante en la Grecia antigua. La creencia en lo sobrenatural formaba parte de la vida cotidiana, desde las acciones realizadas por los dioses hasta la salida de la luna. Aunque la práctica de la religión y las oraciones eran públicas, la gente solía usar la magia de forma privada para protegerse, curarse o maldecir. Para conseguir cosas buenas con la magia, se solían usar amuletos, colgantes, pócimas y hechizos.

ORÁCULOS

Los antiguos griegos solían acudir a los dioses en busca de sabiduría y consejo, y normalmente usaban a un oráculo para hacerles llegar sus preguntas. Los oráculos eran personas a través de las cuales hablaban los dioses. Solían ser mujeres que vivían apartadas de la sociedad en un lugar sagrado. La más famosa de todas ellas fue Pitia, la pitonisa de Delfos, que aseguraba hablar en nombre de Apolo y hacía profecías.

HECHICERAS

Las brujas de la antigua Grecia eran figuras míticas capaces de hacer magia. Se las solía describir como jóvenes hermosas que podían hechizar tanto con su apariencia como con sus poderes: desde Circe, una misteriosa y fuerte hechicera, hasta Medea, experta en preparar potentes pócimas. El poeta Teócrito escribió sobre una joven bruja llamada Simaetha que fue abandonada por su amante, Delfos. Simaetha lanzó un hechizo vinculante e invocó a la luna para que la ayudara a recuperarlo.

HÉCATE

Hécate era una poderosa diosa de la antigua Grecia asociada a la luna, la magia y la brujería. A menudo se la representa como una diosa triple, con tres cuerpos orientados en distintas direcciones para representar su influencia sobre las tres esferas: la tierra, el océano y el inframundo. Se decía que sus poderes se extendían más allá de los cielos, la tierra y los mares. Incluso Zeus, rey de los dioses, la honraba y respetaba.

Como diosa de la magia y del inframundo, los magos le rezaban para pedirle ayuda. En los santuarios dedicados a Hécate se dejaban tablillas con maldiciones para que se vengara de sus enemigos. Sin embargo, Hécate tenía un gran sentido de la justicia: si le pedías ayuda, ¡debías tener muy claro que tus razones fueran justas!

Pese a su ferocidad, Hécate también podía ser bondadosa. Un mito cuenta que Hécate vio cómo el dios Hades se llevaba a Perséfone al inframundo y decidió ayudar a su desesperada madre a buscarla. En otro relato, Hécate ayudó a Hécuba, reina de Troya, a escapar de sus enemigos convirtiéndola en un gran perro negro. Se decía que, después de aquello, los perros siempre aullaban cuando Hécate estaba cerca, y desde entonces se consideraron sus compañeros sagrados.

SUS PODERES SE EXTENDÍAN MÁS ALLÁ DE LOS CIELOS, LA TIERRA Y LOS MARES.

CIRCE

Hija del dios del sol Helios y de la ninfa del océano Perseis, Circe fue una poderosa diosa de la mitología griega soñada por los poetas griegos. Era conocida por su voz cautivadora y su habilidad para elaborar pócimas, que mezclaba en un elegante cuenco dorado.

Circe vivía en Eea, una isla salvaje y llena de bosques. Su bonito palacio estaba custodiado por hombres que ella misma había transformado en lobos y pumas.

Circe y Odiseo

Una de las historias más conocidas sobre Circe cuenta su encuentro con Odiseo, el rey de Ítaca. La historia procede de un antiguo poema griego llamado la *Odisea*.

Odiseo era conocido por su astucia, pero Circe también era muy hábil. Después de escaparse por los pelos de unos lestrigones (gigantes devoradores de hombres), Odiseo y sus hombres llegaron a las costas de Eea. Enseguida les entró hambre, así que decidieron separarse para ir a buscar comida. Odiseo lideró un grupo, mientras que su valiente soldado Euríloco dirigió el otro y decidió adentrarse en el bosque.

Pronto se toparon con el palacio de Circe, oculto entre los árboles. Feroces pumas y lobos custodiaban la puerta, pero los hombres no pudieron resistirse a la dulce voz que los invitaba a entrar.

Sospechando que era una trampa, Euríloco se negó a entrar y se quedó observando en silencio oculto entre las sombras.

Dentro, Circe dio la bienvenida a los hombres y les ofreció comida y vino. Ellos aceptaron enseguida, sin darse cuenta de que había hechizado el banquete. Cuando los hombres acabaron de comer, Circe les dio unos golpecitos con su varita y los transformó en cerdos. Horrorizado, Euríloco corrió de vuelta a la orilla para contárselo todo a Odiseo.

Odiseo partió de inmediato para enfrentarse a Circe. Por el camino, se le apareció un misterioso personaje: era Hermes, el dios mensajero. Como ya conocía los poderes de Circe, le ofreció a Odiseo una planta de raíz negra y flor blanca, llamada moly. Hermes le explicó que, si la llevaba encima, quedaría protegido contra los hechizos de la mujer.

Cuando Odiseo llegó al palacio de Circe, ella le sirvió deliciosa comida y vino. Al terminar de comer, Circe levantó su varita mágica y lo golpeó. Sin embargo, gracias al don de Hermes, el hechizo no surtió efecto. En lugar de eso, Odiseo se puso de pie de un salto y apuntó con su espada a la hechicera.

Impresionada por la valentía del rey, Circe prometió liberar a sus hombres del hechizo. Odiseo admiró la habilidad y el poder de Circe, y ambos se hicieron amigos. Odiseo y sus hombres vivieron en Eea durante casi un año, antes de partir hacia Ítaca. Cuando se marcharon, Circe les ofreció consejos y orientación para su viaje de vuelta.

Circe podía usar pócimas y hechizos para convertir a los humanos en LEONES, LOBOS y CERDOS.

MAGIA ROMANA

A la sociedad de la antigua Roma le preocupaba mucho la magia dañina: en uno de sus primeros conjuntos de leyes, las Doce Tablas, se prohibía el uso de conjuros con fines maliciosos. A pesar de ello, la magia tenía un papel muy importante en la vida cotidiana, ya que se usaban desde amuletos protectores hasta hierbas curativas. Los hechiceros varones eran respetados, mientras que la magia perjudicial solía atribuirse a las mujeres y las brujas eran temidas por su poder.

VIEJAS, ATERRADORAS Y PODEROSAS

Mientras que en la antigua Grecia se consideraba que las brujas eran jóvenes y hermosas, en la antigua Roma solían ser ancianas rencorosas que usaban magia oscura, peligrosa y muy pero muy potente. Algunas historias hablan de la estrige, un temible demonio con forma de lechuza que aterrorizaba a la gente en sus casas durante la noche. Se creía que algunas brujas podían transformarse en estriges.

TABLILLAS DE MALDICIÓN

Estos objetos eran métodos mágicos muy habituales en las antiguas Grecia y Roma. Las tablillas de maldición, escritas en finas hojas de plomo, servían para pedirles a los dioses y las diosas que llevaran a cabo una venganza. Se han encontrado unas 1600 tablillas de maldiciones, muchas de ellas en la ciudad balneario romana de Bath (Inglaterra). Las maldiciones podían ser divertidas, pero también macabras. Algunas simplemente pedían que las bromas de los cómicos no causaran risa, mientras que otras deseaban que un rival amoroso «se disolviera en líquido».

MAGIA COTIDIANA

Para la mayoría de los habitantes de la antigua Roma, la magia estaba presente incluso en los actos más cotidianos. La gente colgaba amuletos en el exterior de sus casas o los llevaba en los pliegues de sus togas. Los enamorados les pedían pócimas a los herbolarios, que eran muy respetados por sus poderes curativos. Incluso los niños llevaban una bulla y las niñas una lunula, amuletos protectores que se colgaban del cuello para protegerse del mal de ojo.

PLANTAS MÁGICAS

¡Las plantas son poderosas! A lo largo de la historia, los seres humanos han averiguado que algunas plantas pueden curar o dañar. Los antiguos griegos llamaban *pharmakeia* a la magia que usaba hierbas, pócimas o fármacos. Había muchas plantas venenosas que se relacionaban con las brujas. En esta página se habla de algunas de ellas.

Belladona

Además de ser muy venenosa, la belladona puede provocar alucinaciones, por lo que era un ingrediente muy usado por las brujas. Aunque era peligrosa, las mujeres de la Edad Media a veces se ponían gotas de belladona en los ojos para hacerlos brillar. Una sustancia llamada atropina, obtenida a partir de esta planta, se sigue usando hoy en día en medicina.

Verbena

La verbena, también conocida como la «hierba de los hechiceros», estaba vinculada a antiguas prácticas mágicas y religiosas. Los antiguos egipcios creían que procedía de las lágrimas de la diosa Isis, y los cristianos pensaban que se había usado para curarle las heridas a Jesús en la cruz. Por ese motivo, la verbena era un ingrediente muy importante en los hechizos protectores y se usaba para limpiar los espacios sagrados.

Estramonio

El estramonio, originario de América del Norte y América Central, es una planta conocida por sus bonitas flores en forma de trompeta. Se ha usado en ceremonias mágicas y con fines religiosos durante cientos de años. Al frotarla sobre la piel, provoca alucinaciones que ayudan a entrar en un estado de trance parecido al sueño. El estramonio también se conoce como «higuera del infierno» o «planta del diablo».

Artemisa

La artemisa, a veces llamada la «madre de todas las hierbas», se usa en magia y medicina desde hace miles de años, sobre todo para tratar las enfermedades femeninas. En muchos lugares del mundo se bebe en infusión o se usa como ingrediente en distintas recetas.

Beleño

Esta planta se asocia a las prácticas mágicas, ya que puede provocar potentes alucinaciones. Se decía que, al frotarla sobre la piel, la gente sentía como si volara. Se creía que las brujas preparaban ungüentos con beleño para poder ir volando a sus reuniones secretas. Si se toma en grandes dosis, el beleño puede ser mortal.

Ajenjo

El ajenjo y la artemisa pertenecen a la misma familia. El ajenjo se usa desde hace siglos para tratar problemas de estómago e intestinales.

Ginseng

El *ginseng* ha sido un ingrediente habitual de la medicina tradicional con plantas coreana, china y japonesa durante miles de años. Se sigue usando muchísimo hoy en día, ya que las investigaciones modernas han demostrado que ayuda a fortalecer el sistema inmunitario y a evitar el cansancio. Muchos remedios tradicionales e infusiones lo incluyen como ingrediente.

Es posible lanzar un hechizo vinculante atando un muñeco de una persona con un hilo.

MAGIA VINCULANTE

Algunas maldiciones usan un tipo de magia llamada vinculante. Los hechizos vinculantes se lanzan sobre una persona para «atarla»: por ejemplo, para impedir que gane en una competición deportiva o en un juicio.

Hay varias formas de lanzar un hechizo vinculante. Un método muy habitual es haciendo un muñeco de la persona a la que se quiere maldecir, que luego puede atarse con una cuerda o un hilo. En el mundo antiguo, la magia vinculante también se usaba en los hechizos de amor, aunque a menudo era magia oscura. Y es que si la persona amada no correspondía al amor de quien se lo había lanzado, ¡algo malo le pasaría!

POLVO PARA LOS PIES

Quienes practican el *hoodoo* (una tradición espiritual afroamericana) usan el polvo para los pies para alejar a personas o energías no deseadas. Este polvo se prepara con minerales, hierbas y especias como sal, pimienta y guindilla seca. Luego se muele todo y se esparce por donde la persona va a pasar... ¡o incluso dentro de sus zapatos! El polvo para los pies no hace daño: se cree que simplemente sirve para hacer que quien lo pise se marche de un lugar o deje tranquila a otra persona.

MALDICIONES

¿Qué es una maldición? Una maldición es un deseo o hechizo de mala fortuna formulado para hacer daño a una o más personas. Puede durar poco tiempo... ¡o perseguir a una familia entera durante generaciones! Para romper una maldición, suele ser necesaria la magia de protección en forma de rituales u oraciones especiales. A lo largo de la historia, se ha creído que las brujas usaban magia oscura para lanzar maldiciones a los humanos y también a los animales.

MAL DE OJO

El mal de ojo es una maldición lanzada al mirar a alguien con envidia o mala intención. La creencia en el mal de ojo existe desde la prehistoria y se encuentra en muchas culturas de todo el mundo. Se cree que el mal de ojo atrae el daño y la desgracia sobre sus víctimas. Suele afectar a personas que llaman la atención por su belleza, suerte o logros en la vida.

Cada cultura tiene su propio método para protegerse del mal de ojo, con una mezcla de amuletos y gestos protectores. El *hamsa*, también conocido como la mano de Fátima, es un amuleto en forma de mano muy usado en Oriente Medio y los países norteafricanos. En los Balcanes y Asia Occidental, se cree que las cuentas azules y blancas conocidas como *nazar* ahuyentan el mal de ojo reflejando su mirada. Las familias caribeñas suelen proteger sus casas con adornos azules, y los senegaleses llevan pulseras de conchas de cauri para absorber la energía del mal de ojo.

NOROI

Noroi es la palabra japonesa para referirse a una maldición, maleficio o mala suerte. Esta maldición puede producirse de forma intencionada o por accidente.

Existe un ritual para lanzar una maldición llamado *Ushi no toki mairi*. El ritual tiene que hacerse entre la 1 y las 3 de la madrugada, conocidas como las horas del Buey. El hechicero clava clavos o un muñeco de paja de su víctima en un árbol sagrado de un santuario sintoísta. Esto debe repetirse durante siete días seguidos, pero si alguien lo ve, la maldición no funcionará.

Uno de los primeros relatos sobre el *noroi* está relacionado con el 75.° emperador de Japón, Sutoku, quien después de renunciar al trono, se dedicó a copiar a mano bellas escrituras sagradas. Su intención era ofrecérselas a la corte, pero a mucha gente le daba miedo que aquellas obras estuvieran malditas y rechazaron el regalo. Se dice que, tras su muerte, Sutoku se convirtió en un *onryō*, un espíritu vengativo que empezó a vagar por el imperio.

MEDEA

Medea era una princesa y una poderosa hechicera de la mitología griega. Era hija del rey Eetes de la Cólquida y sobrina de Circe, una temida hechicera. Al igual que su tía, Medea tenía un don para la magia y era muy habilidosa elaborando pócimas. Aunque se la conoce sobre todo por su relación amorosa con el héroe griego Jasón, la historia de Medea acaba en tragedia.

Cuando Medea era una jovencita, un hombre llamado Jasón llegó un día a su casa. Jasón, hijo de Esón, el legítimo rey de Yolco, había ido hasta ahí en busca del vellocino de oro, una legendaria piel de carnero con propiedades mágicas. El tío de Jasón, el rey Pelias, se había apoderado del reino de Yolco, pero estaba dispuesto a renunciar a él a cambio del vellocino. Decidido a recuperar el trono que le correspondía, Jasón reunió a un grupo de héroes y zarpó en su barco, el Argo, en busca del vellocino.

El vellocino de oro pertenecía al padre de Medea, el rey Eetes. Cuando Jasón le pidió el vellocino, el monarca le exigió que primero completara una serie de tareas muy peligrosas. Por suerte para Jasón, contaba con el apoyo de tres poderosas diosas: Hera, Atenea y Afrodita. Para ayudarlo, le pidieron a Eros, el dios del amor, que le disparara una flecha a Medea para que se enamorara de Jasón.

Desde el primer momento en que Medea vio a Jasón, supo que haría cualquier cosa para mantenerlo a salvo. Aunque su padre lo había prohibido, decidió ayudar a Jasón en sus tareas.

Las tareas

La primera tarea de Jasón fue arar un campo con bueyes que escupían fuego. Gracias a su habilidad con las hierbas y las pócimas, Medea preparó un ungüento que protegió a Jasón del fuego de los bueyes. A continuación, tuvo que sembrar ese mismo campo con dientes de dragón. Medea lo advirtió de que se convertirían en soldados y le reveló la forma de derrotarlos.

Al ver que Jasón había logrado completar esas primeras tareas, Medea pensó que su padre pronto se enteraría de su desobediencia. Entonces decidió huir y escaparse en el Argo con Jasón, quien le prometió que se casaría con ella. Pero antes de partir, tenían una última tarea pendiente:

conseguir el vellocino de oro. Ese tesoro estaba protegido por un dragón terrible que jamás se dormía. Jasón no sabía cómo derrotarlo, así que, una vez más, confió en la valentía y los poderes de Medea.

Antes de que el dragón pudiera hacerles daño, Medea empezó a cantar una nana tranquilizadora. Luego, se acercó al dragón y le sopló hierbas mágicas en los ojos, haciéndole caer en un profundo sueño. Medea y Jasón cogieron el vellocino y escaparon rumbo a Grecia, la tierra natal de Jasón. Durante el viaje, Medea hizo todo lo que pudo para proteger a Jasón, y hasta fue responsable de la muerte de muchas personas que se interpusieron en su camino, como el rey Pelias y su propio hermano.

La traición

Durante un tiempo, Jasón y Medea vivieron felices en Corinto con sus dos hijos. Pero Medea era extranjera, así que Jasón pensó que sería mejor casarse con una princesa griega. A pesar de su promesa a Medea y de todo lo que ella había hecho por él, Jasón la acabó abandonando. Desconsolada y furiosa, Medea le envió a su nueva esposa un manto envenenado como regalo de bodas, mató a los hijos que había tenido con Jasón y se marchó en un carro tirado por dragones.

Una poderosa hechicera

Medea era una mujer muy poderosa que no siempre usaba sus habilidades mágicas con buenas intenciones. Cuando se sentía traicionada, podía hacer cosas terribles, como se ha contado de tantas y tantas brujas a lo largo de la historia.

Sin embargo, Medea no era solo una villana. Aunque podía causar mucho daño a su alrededor, también sabía proteger y sanar. Después de ayudar a Jasón a conseguir el vellocino de oro, curó al héroe Heracles de la locura y ayudó al rey Egeo a tener hijos. Por lo tanto, ¡no debe sorprendernos que esta hechicera tan compleja haya inspirado tantas historias y obras de arte!

Hierba de Afrodita

El orégano es una hierba muy usada en la cocina. Los antiguos griegos creían que era una de las favoritas de Afrodita. El orégano se ha usado tradicionalmente para preparar pócimas de amor, hechizos y amuletos protectores contra las personas que causan molestias.

Pensamiento silvestre

En la mitología griega y romana, el pensamiento silvestre, también conocido como «amor perfecto», es una flor vinculada al amor. Se decía que una de las flechas de Cupido había tocado esta flor, y por eso se creía que tenía el poder de despertar el amor. En *Sueño de una noche de verano*, una obra de teatro de Shakespeare, se usa una pócima elaborada con sus pétalos.

Raíz de loto japonés

En el Japón medieval se usaban muchos ingredientes curiosos para elaborar pócimas, desde anguilas y tritones chamuscados hasta raíces de loto. Hoy en día, la flor de loto se considera un símbolo de iluminación y pureza en Japón.

HECHIZOS y PÓCIMAS DE AMOR

En todo el mundo, desde la antigua Grecia hasta los reinos de África, a la gente siempre le han fascinado los hechizos y las pócimas que hacen que alguien se enamore. A estas pócimas o ingredientes se los llama afrodisíacos, en honor a Afrodita, la diosa griega del amor. Pero a pesar de su nombre, las pócimas de amor no siempre eran tan románticas, ya que muchas veces funcionaban controlando la voluntad de sus víctimas.

Mezcla de Minte

En la mitología griega, la ninfa Minte estaba enamorada del rey del inframundo, Hades. Cuando Perséfone, la esposa de Hades, se enteró, se puso furiosa y convirtió a Minte en una planta, a la que ahora llamamos hierbabuena o menta. Hades suavizó el hechizo haciendo que sus hojas olieran bien. Desde entonces, esta planta se asocia al amor y la pasión.

Mandrágora medieval

La mandrágora es una planta curiosa. Se dice que sus raíces recuerdan a un pequeño ser humano, e incluso se creía que gritaba al arrancarla de la tierra, ¡como si estuviera viva! Los frutos de la mandrágora se conocen como «manzanas del amor» y se usaron en pócimas desde la Antigüedad hasta la Edad Media.

Manzana espinosa

El estramonio, también conocido como «manzana espinosa», era un conocido ingrediente mágico de los brebajes de las brujas. En la India lleva usándose mucho tiempo como ingrediente habitual en las pócimas de amor. Una receta incluye «diez semillas de estramonio, granos de pimienta y un pimiento largo» que deben «machacarse y mezclarse con miel». Sin embargo, el estramonio es venenoso y debe manipularse con mucho cuidado.

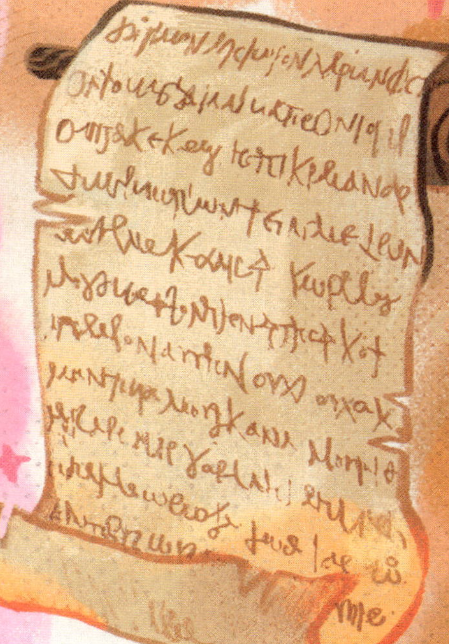

Hechizos de amor «encantadores»

Se han encontrado hechizos de amor escritos en griego antiguo y conservados en rollos de papiro egipcios del siglo IV. A menudo, estos hechizos prometían el amor eterno, pero algunos eran más siniestros y pretendían «atar» al ser amado para siempre y causarle sufrimiento si decidía marcharse.

LA MUERTE DE HERACLES

Heracles (también conocido como Hércules) fue un héroe griego conocido por sus doce trabajos, una serie de difíciles tareas que le encomendó su rey. Sin embargo, su vida acabaría en tragedia.

Deyanira, la esposa de Heracles, lo adoraba, y él también la quería mucho. Un día, apareció un centauro e intentó llevarse a Deyanira. Indignado, Heracles disparó contra el centauro con una flecha especial: había sido bañada en la sangre venenosa de la Hidra, que era mortal para cualquiera que la tocara.

Mientras el centauro agonizaba, le entregó a Deyanira su túnica empapada en sangre. «Dásela a tu marido para que se la ponga», le dijo, «y te amará a ti y solo a ti para siempre». Deyanira cogió la túnica y la escondió, hasta que, años más tarde, descubrió que Heracles se había enamorado de una bella princesa.

Celosa y muy enfadada, se puso a pensar en qué podía hacer para que su marido volviera con ella. Entonces recordó la túnica del centauro. Con la esperanza de que Heracles la amara de nuevo, le entregó la túnica para que se la pusiera.

¡Pero era un engaño! La sangre de la Hidra, a pesar de ser antigua, seguía siendo mortal. En lugar de recuperar a su marido, Deyanira se dio cuenta de que lo había perdido para siempre: el gran héroe se estaba muriendo. Haciendo acopio de sus últimas fuerzas, Heracles construyó su propia pira funeraria y se subió a ella. Deyanira solo pudo llorar y maldecir por haberle creído al astuto centauro.

Capítulo 3

RELIGIÓN, MITOS y MAGIA

Tras la era de las civilizaciones antiguas, llegó la Edad Media, que duró aproximadamente desde el 500 hasta el 1500 d. C. Fue una época en la que se crearon nuevos imperios y reinos, se compartieron distintas ideas religiosas y se difundieron conocimientos científicos y matemáticos. Además, en aquel tiempo la gente creía en los mitos y la magia. Muchas personas recurrían a las brujas y la magia para explicar el mundo que las rodeaba, aunque a otras les daba miedo todo lo que no entendían y luchaban contra lo que consideraban mágico.

¿QUÉ ES LA EDAD MEDIA?

La Edad Media tuvo lugar entre los años 500 y 1500 d. C., y durante ese tiempo el mundo cambió por completo. En Europa y Asia occidental, el fin del Imperio romano dio paso a nuevos imperios y reinos. Las personas se desplazaban por Europa llevando consigo sus creencias, y poco a poco las antiguas religiones paganas fueron sustituidas por otras nuevas, como el cristianismo y el islam. Fue una época de aprendizaje y descubrimientos en la que, por ejemplo, se inventaron las universidades.

EL PENSAMIENTO MEDIEVAL

La magia tuvo un rol complicado en la Europa medieval. La Iglesia cristiana la condenaba, pero en general se aceptaba la magia útil, como los hechizos curativos o los amuletos populares. En otras partes del mundo, la relación con la magia no era tan clara: en muchas culturas africanas, indígenas americanas y asiáticas, los hechiceros podían considerarse tanto buenos como malos.

EL PENSAMIENTO MEDIEVAL Y LA MAGIA

Para los europeos de la Edad Media, el mundo estaba lleno de misterios. La ciencia y la magia eran casi lo mismo, y los hechos extraños solían considerarse sobrenaturales. Pero al extenderse el cristianismo, muchos cambiaron de forma de pensar: se creía que la magia iba en contra de la fe cristiana. El islam y el judaísmo también estaban en contra de la magia, aunque seguía practicándose.

ASTROLOGÍA

La astrología es la creencia de que la luna, el sol, las estrellas y los planetas pueden influir en las personas y en la naturaleza. En las sociedades árabes medievales, el astrolabio, un instrumento creado mediante cálculos astronómicos, se usaba para encontrar la dirección de la Meca y el momento adecuado para rezar. Además, se empleaba en astrología: por ejemplo, para hacer horóscopos. Los pueblos mayas de México también sabían leer el cielo. Usaron la astronomía para crear calendarios muy avanzados y creían que el sol y la luna eran dioses.

MAGIA MEDICINAL

Durante la Edad Media, no se hacía distinción entre magia y medicina, y la gente no tenía problema en mezclar los remedios curativos con los encantamientos y hechizos. Un libro llamado *Leechbook*, escrito en el siglo XI, combinaba el uso de remedios con plantas con los amuletos religiosos. La gente creía que las reliquias (los restos de los santos) tenían poderes curativos, y también que los monarcas podían sanar enfermedades.

HECHICERÍA OSCURA

Aunque se aceptasen la magia con fines médicos y los amuletos protectores, algunas prácticas estaban totalmente prohibidas. En especial, a la gente le daba miedo la nigromancia: un tipo de magia relacionada con los muertos que permitía invocar a los espíritus para predecir el futuro, resucitar a alguien o usar a los fallecidos como armas. Aunque los nigromantes afirmaban usar el poder de Dios, se sospechaba que en realidad hablaban con los demonios.

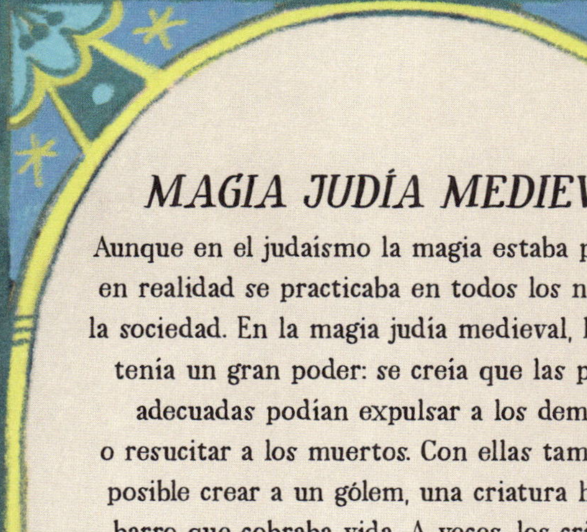

MAGIA JUDÍA MEDIEVAL

Aunque en el judaísmo la magia estaba prohibida, en realidad se practicaba en todos los niveles de la sociedad. En la magia judía medieval, la palabra tenía un gran poder: se creía que las palabras adecuadas podían expulsar a los demonios o resucitar a los muertos. Con ellas también era posible crear a un gólem, una criatura hecha de barro que cobraba vida. A veces, los cristianos acusaban a los judíos de practicar magia negra y lo usaban como excusa para hacerles daño.

BRUJAS EUROPEAS

En varias partes de Europa, los cuentos populares y de hadas nos hablan sobre las brujas. A veces son mujeres viejas y malvadas, mientras que en otras son diosas con grandes poderes. Muchas de estas historias, que se contaban para asustar a los niños y hacer que se portaran bien, siguen siendo muy conocidas hoy en día.

Frau Perchta

A esta diosa alpina del invierno de Alemania, Austria y Eslovenia también se la conoce como la «Gran Diosa del Norte». Puede ser tanto una bruja vieja y arrugada como una bella joven. Se dice que en Navidad visita las casas para comprobar que se hayan hecho las tareas del hogar, y la gente le ofrece comida para que esté contenta.

Baba Yaga

Baba Yaga es un personaje del folclore eslavo, una anciana que vive en lo más profundo del bosque, en una cabaña con patas de gallina. Para viajar, utiliza un mortero de madera. En algunas historias, Baba Yaga es temible y malvada y ataca a niños inocentes. En otros cuentos, en cambio, es amable y sabia y ayuda al héroe o la heroína.

La Befana

Esta simpática bruja pertenece al folclore italiano. La víspera de la Epifanía (el 5 de enero), vuela por el cielo montada en una escoba y reparte regalos a los niños. Suele representarse como una anciana alegre, cubierta de hollín después de subir y bajar por las chimeneas. La gente le deja vino y comida y, a cambio, ¡puede que ella les barra la casa!

Lutzelfrau

Esta bruja aparece en el folclore de Alemania, Eslovenia y Croacia y se cree que vuela por el cielo nocturno acompañada de un grupo de duendes. Por Santa Lucía, el 13 de diciembre, se cree que Lutzelfrau visita a los niños. Si se han portado bien, les deja regalos como manzanas, nueces y ciruelas pasas.

MAGIA NÓRDICA

Antes de la llegada del cristianismo, los pueblos nórdicos de Escandinavia eran paganos y tenían un sistema de creencias amplio y fascinante. En la mitología nórdica, la Tierra (conocida como Midgard) era uno de los nueve mundos, y todos ellos estaban conectados por un fresno gigante llamado Yggdrasil. Había dos grupos de dioses, los *Æsir* y los *Vanir*, pero la mitología nórdica estaba llena de muchas otras criaturas mágicas, como enanos, dragones, brujas y elfos.

SEIDR

Los pueblos nórdicos vivieron hace aproximadamente 1200 años y creían en muchos tipos de magia. La palabra nórdica para hablar de la brujería era *seidr*, y se usaba para predecir y cambiar el futuro. Quienes practicaban la *seidr* podían visitar el mundo de los espíritus, cantar o recitar hechizos. La practicaban sobre todo las mujeres, ya que se consideraba algo vergonzoso o poco adecuado para los hombres.

LAS VÖLVA *Y LAS* NORNAS

Las *völva* eran mujeres de gran poder y expertas en el arte de la *seidr*. Usaban varitas o bastones para practicar su arte y se decía que podían cambiar el destino, lanzar hechizos de amor, provocar tormentas y transformarse.

Las *nornas*, diosas nórdicas del destino, vivían junto a un pozo bajo Yggdrasil y se pasaban el día regando el árbol y tejiendo los hilos de la vida. Eran más poderosas que los dioses porque controlaban el destino.

FREYJA

Freyja era una poderosa diosa nórdica del amor, la magia y la guerra. Formaba parte de los *vanir*, los dioses que gobernaban en Vanaheim. Freyja era experta en el arte de la *seidr*, y se dice que le enseñó a practicarla a Odín, el rey de los dioses, quien fue insultado por ese motivo. Viajaba en un carro tirado por gatos gigantes y llevaba una capa de plumas de halcón, además del *Brisingamen*, un collar hecho por enanos. Se creía que, después de una batalla, la mitad de los guerreros caídos iban al salón de Odín, llamado Valhalla. La otra mitad eran llevados a Fólkvangr, un prado gobernado por Freyja.

Freyja fue una de las diosas nórdicas más populares y se la adoraba en todo el mundo vikingo. Era conocida por su inteligencia, su belleza y su habilidad para cambiar de forma. Algunas historias cuentan que, cuando ella lloraba, sus lágrimas se convertían en ámbar y oro. La gente siempre estaba atenta a las señales de los dioses, y de la misma forma que los cuervos se consideraban mensajeros de Odín, que un gato negro se cruzara en tu camino significaba que Freyja te estaba observando.

CUENTOS DE HADAS y FOLCLORE

Las brujas aparecen en el folclore y los cuentos de hadas de todo el mundo. Los cuentos de hadas fueron especialmente populares en Europa durante el siglo XIX, cuando personas como los hermanos Grimm publicaron recopilaciones de viejas historias. Se contaban tanto a niños como a adultos y estaban llenos de magia y maravillas. En estos cuentos, las brujas podían adoptar muchas formas, ¡pero casi siempre eran las malas de la historia!

LA BRUJA DEL BOSQUE

Un personaje habitual de los cuentos y el folclore es la bruja del bosque. A la gente le daba miedo pensar en quién o qué podría haber escondido en su interior, y por eso les contaban historias inquietantes a los niños para que no se alejaran demasiado de casa. Una de ellas, la de *Hansel y Gretel*, cuenta cómo un hermano y una hermana se perdieron en el bosque y fueron capturados por una bruja que vivía en una casa hecha de pan de jengibre y golosinas.

La Xtabay

La Xtabay es un bello pero terrible demonio femenino de la mitología maya. Vive en las profundidades de los bosques de México, Belice y Guatemala y atrae a los hombres hacia la oscuridad. Una vez los ha atrapado, ¡se transforma en serpiente y los devora de un bocado!

Dzunukwa

El pueblo *kwakwaka'wakw* de Columbia Británica, Canadá, cuenta historias de Dzunukwa, una vieja bruja que vive entre los troncos de los cedros y se alimenta de los jóvenes. Se advierte a los niños de que nunca deben seguir el sonido «hu» del viento en el bosque, ya que, en realidad, ¡es la llamada de Dzunukwa!

LA BRUJA COMO FIGURA MATERNA

En algunos cuentos de hadas la bruja es la figura materna, aunque suele ser una madrastra malvada. Estas historias eran populares en una época en la que la gente no vivía tantos años como ahora y era común volver a casarse, por lo que quizás reflejaban miedos reales sobre la familia.

Blancanieves

En el cuento, la madre de la pequeña Blancanieves muere y su padre vuelve a casarse. Su nueva esposa es joven, hermosa... ¡y también una bruja! Todos los días se mira en el espejo y le pregunta: «¿Quién es la más bella de todas?». Hasta que un día, el espejo le responde: «Blancanieves». Loca de celos, la bruja intenta matar a su hijastra usando una cinta, un peine encantado y una manzana envenenada.

LA BRUJA ELEMENTAL

Algunas brujas de la ficción están muy relacionadas con los elementos de la naturaleza, como la Bruja del Mar y la Reina de las Nieves, que aparecen en los cuentos del autor danés Hans Christian Andersen.

La Reina de las Nieves

En *La Reina de las Nieves*, una malvada reina bruja gobierna un reino de nieve y hielo. Un día, secuestra a un niño y se lo lleva a su palacio. Su valiente amiga se enfrenta a numerosos peligros para rescatarlo, hasta que su amor y amistad rompen el hechizo que lo tenía atrapado. *La Reina de las Nieves* podría haber inspirado a C. S. Lewis para escribir *El león, la bruja y el armario*, la historia de una bruja que conquista el país de Narnia para sumirlo en un invierno eterno y atraer a los niños con su magia.

CRIATURAS de la NOCHE

¿Alguna vez te has preguntado qué criaturas podrían esconderse entre las sombras de la noche? Desde siempre y en todos los pueblos del mundo, se han contado historias sobre criaturas que acechan en las sombras. Todas las culturas cuentan con su propio folclore, pero muchas comparten elementos en común.

Estrige

La estrige es una criatura del folclore de la antigua Roma. Considerada un símbolo de la mala suerte, tenía la forma de un ave grande, con un par de alas grises y garras afiladas. Se creía que salía por la noche y se alimentaba de la sangre de los humanos. En algunas historias, la estrige era un ser humano que se transformaba en esta terrorífica ave para hacer cosas malas. Quizás por eso, los romanos también usaban la palabra «estrige», *strix* en latín, para referirse a una bruja.

Manananggal

Una criatura legendaria de Filipinas, el *manananggal*, es un monstruo con forma de mujer que puede separar su cuerpo en dos mitades. Aunque durante el día parece una bella mujer, por la noche le crecen un par de alas parecidas a las de un murciélago y vuela por el aire. Algunas familias filipinas colocan sal y ajo alrededor de sus casas para protegerse del *manananggal*.

LA NOCHE Y LA MAGIA

La noche siempre nos ha parecido mágica, y muchos mitos y leyendas cuentan hechizos o rituales que ocurren en plena oscuridad. Se creía que las brujas y otras criaturas sobrenaturales eran más poderosas cuando oscurecía. Por eso, la hora después de la medianoche se sigue conociendo como la «hora de las brujas». En el folclore europeo, la noche era el momento de los encuentros secretos, como los aquelarres mágicos de las brujas.

Lamia

Este demonio femenino de la mitología griega fue en su día una mujer hermosa, hasta que la diosa Hera la maldijo para que se convirtiera en un monstruo sediento de sangre. Mitad mujer, mitad serpiente, se sentaba en la hierba a esperar a sus víctimas. Al igual que con «estrige», la palabra «lamia» se usaba a veces para referirse a una bruja.

Tlahuelpuchi

Estas criaturas nocturnas se encuentran en el folclore del estado mexicano de Tlaxcala y proceden de la cultura indígena náhuatl. Los *tlahuelpuchi* eran humanos durante el día, pero por la noche se transformaban, muchas veces en pavos, para salir a cazar. Nacían con esta maldición y podían usar sus poderes cuando llegaban a la adolescencia. Además, según cuenta la leyenda, brillaban en la oscuridad.

Vampiro

Muchas criaturas de la noche se parecen a los vampiros. Las leyendas sobre vampiros han sido populares en todo el mundo durante cientos de años, pero sobre todo en Europa del Este. Se creía que los vampiros resucitaban de entre los muertos para beberse la sangre de los humanos. Tenían la piel pálida y los dientes afilados y no se reflejaban en los espejos. Una de las historias de vampiros más famosas es la de la novela de terror *Drácula*, de Bram Stoker.

MÉTODOS PROTECTORES

Apotropaico significa «que aleja». La magia apotropaica, también llamada protectora, es la que se usa para alejar el daño y la mala suerte. Durante miles de años, culturas de todo el mundo han tratado de protegerse usándola de distintas maneras, ya sea llevando encima amuletos especiales o escribiendo conjuros.

Amuletos

Un amuleto es un objeto especial que se cree que protege de las energías negativas. Los amuletos llevan usándose miles de años. En la antigua Mesopotamia, se tallaban en forma de demonios para asustar a los malos espíritus. Los amuletos del antiguo Egipto estaban hechos de piedras preciosas y se enterraban junto a sus dueños para protegerlos en el más allá. En la cultura china, los amuletos de jade tenían un papel muy importante. Los pueblos nórdicos, por su parte, llevaban el símbolo del martillo de Thor, llamado Mjolnir, para alejar el mal.

Marcas de bruja

Los símbolos conocidos como marcas de bruja se grababan en edificios para proteger a sus habitantes. Era común poner estas marcas sobre ventanas, puertas y chimeneas, porque se creía que era por donde podían entrar las brujas, los demonios o los espíritus malignos. También se han encontrado marcas de bruja en muebles, lápidas y dentro de cuevas. Hay muchos tipos de marcas protectoras, desde líneas diagonales y cruces hasta laberintos y símbolos en forma de flor (también llamados hexafolios).

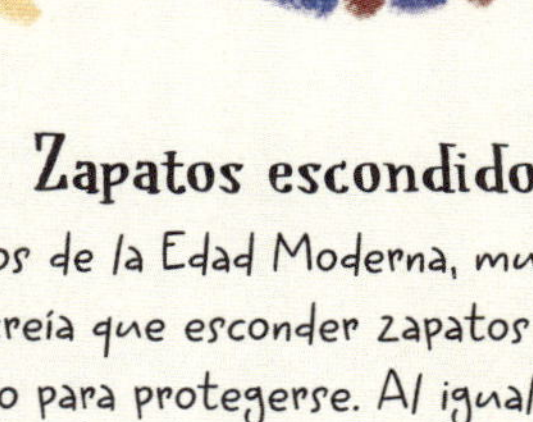

Zapatos escondidos

A principios de la Edad Moderna, mucha gente en Inglaterra creía que esconder zapatos en casa servía como método para protegerse. Al igual que las marcas de bruja, los zapatos se ocultaban en los «puntos débiles» de la casa, como dentro de la chimenea, bajo una ventana o incluso en el tejado. No se sabe por qué se eligieron los zapatos, pero quizás fue porque algunas personas pensaban que los malos espíritus que intentaran entrar en sus casas se quedarían atrapados en ellos. Esta costumbre se mantuvo hasta, al menos, el siglo XIX.

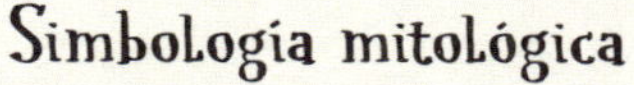

Simbología mitológica

En la antigua Grecia y Roma, se creía que algunos símbolos ofrecían una gran protección contra el peligro. En la mitología grecorromana, las gorgonas eran criaturas temibles que tenían serpientes en lugar de cabello. La gente pensaba que la cabeza de una gorgona podía alejar el mal, y por eso la usaban como símbolo de protección en las armaduras, los escudos y las entradas de sus casas.

Supersticiones modernas

Desde tirarnos sal sobre el hombro izquierdo hasta evitar pisar las grietas del suelo, ¡hoy en día seguimos buscando mil formas de protegernos de la mala suerte! Incluso en la actualidad, los tréboles de cuatro hojas se consideran símbolos de la buena suerte, una creencia que nos ha llegado del mundo celta antiguo, cuando los druidas los llevaban encima para alejar a los malos espíritus.

Cuencos de encantamientos

Los cuencos de encantamientos, también conocidos como «cuencos del demonio», se encuentran en todo Oriente Medio y se usaron mucho entre los siglos VI y VIII. En su interior se escribían en espiral, desde el borde y hasta el centro, oraciones, salmos o ruegos para protegerse del mal. Después, estos cuencos se enterraban boca abajo en los límites de un edificio o una habitación con la esperanza de que atraparan a los espíritus malignos que intentaran entrar en ellos.

MAGIA VIVA

¡Las plantas son asombrosas! Y es que, durante miles de años, han sido muy importantes para la medicina, la cocina y la artesanía. Pero ¿y si ocultaran algo más? Los mitos y las leyendas de culturas de todo el mundo demuestran que, desde hace muchísimo tiempo, las personas creen en el poder mágico de la naturaleza. Ya sea para defenderse de la brujería o para mantener alejados a los espíritus, la gente siempre ha confiado en su fuerza sobrenatural.

Serbales

El serbal es un árbol con unas hojas verdes semejantes a plumas y unas bayas de un color rojo intenso. Se consideraba que su madera ofrecía protección contra la brujería y solía llevarse como amuleto. También se doblaban ramitas de serbal en forma de cruz y se ataban al ganado para mantenerlo a salvo.

Calabazas

Se creía que tallar caras en las calabazas, un típico símbolo de la brujería, ahuyentaba a los espíritus malignos en la víspera del Día de Todos los Santos, fiesta también conocida como Halloween. Antes de las calabazas, los celtas ya hacían lo mismo... ¡pero con nabos! En la religión de la santería, las calabazas están relacionadas con la diosa Oshun.

Avellanos

El avellano es un árbol que da flores amarillas en invierno y sabrosas avellanas en otoño. Algunas personas pensaban que las cruces hechas con ramas de avellano los protegerían de las brujas. En una leyenda irlandesa, un salmón obtuvo toda la sabiduría del mundo después de comerse nueve avellanas que cayeron en el sagrado pozo de Segais.

Endrinos

El endrino es un árbol que crece en los confines de los bosques. En primavera se llena de flores blancas y en otoño da unos frutos llamados endrinas. En la tradición popular tenía mala fama, ya que se creía que las brujas usaban sus ramas llenas de espinas para fabricar varitas o pinchar a sus víctimas. En la mitología celta, se decía que este árbol era el hogar de las hadas.

Setas *xiaojun*

Durante siglos, se creyó que las setas *xiaojun*, también conocidas como «setas de la risa», tenían propiedades mágicas. Los chamanes de Yue, en el sur de China, las recogían para usarlas en sus rituales. Quienes las comían podían acabar riéndose sin control... aunque, por desgracia, también son venenosas y pueden resultar muy peligrosas.

Crisantemos

Los crisantemos son unas flores brillantes y muy bonitas. En China, existe una superstición que dice que, si tomas vino de crisantemo el noveno día del noveno mes, tendrás paz, buena salud y una vida larga. En Grecia, se cree que estas flores protegen contra los malos espíritus.

Espejos

Hace muchos años, la gente creía que las brujas usaban espejos para practicar la «cristalomancia», un tipo de adivinación con la que podían ver el futuro a través de superficies brillantes. Los sacerdotes aztecas usaban espejos de obsidiana (una piedra volcánica pulida) para intentar tener visiones, y se dice que el mago John Dee usaba un espejo y una bola de cristal para hablar con los ángeles.

LOS ENSERES DE LAS BRUJAS

¿Cuáles serían los típicos enseres de las brujas? Siempre se ha creído que las brujas usaban objetos especiales para lanzar sus hechizos, desde calderos hasta varitas mágicas. A menudo eran objetos comunes del hogar a los que se atribuían poderes extraordinarios. ¿Cuántos de ellos reconoces?

Caldero

Estos grandes calderos mágicos eran muy importantes en la mitología celta. La hechicera galesa Ceridwen usaba un caldero para preparar potentes pócimas, y en algunos cuentos populares se habla de un caldero capaz de resucitar a los muertos. Tras la invención de la imprenta en el siglo XV, se publicó un libro que mostraba a varias brujas removiendo un caldero para invocar una tormenta. Esto ayudó a formar la idea que tenemos hoy en día de las brujas y su comportamiento.

Varita

La varita mágica es uno de los símbolos más famosos de la brujería. Una varita es un palo largo y estrecho, normalmente hecho de madera. En el antiguo poema griego la *Odisea*, la hechicera Circe usa una para transformar a los hombres en cerdos. En los cuentos de hadas italianos de finales de la Edad Media, las varitas son las herramientas de unas poderosas hadas. Hoy en día, los magos aún las usan sobre el escenario para hacer trucos en sus espectáculos.

Grimorio

Este libro de magia se usa para lanzar hechizos o hacer rituales. Los grimorios más antiguos proceden de la antigua Mesopotamia, pero se han encontrado a lo largo de la historia en todo el mundo. Los grimorios escritos a mano eran muy valiosos, ya que se creía que tenían poderes mágicos. La Iglesia católica no aceptaba estos libros, así que muchos fueron destruidos.

Escoba

Seguro que te suena muchísimo la imagen de una bruja volando en una escoba por el cielo nocturno. La primera imagen conocida de una bruja montada en una escoba se imprimió en el siglo XV. Hoy en día, los practicantes de la *wicca* usan escobas en sus rituales para limpiar los espacios de energía negativa.

Cáliz

Esta copa decorada es un importante instrumento de la religión moderna de la *wicca*. En varias culturas antiguas, se creía que los cálices podían usarse para la adivinación. El cáliz también es un símbolo importante en muchas otras religiones, como el cristianismo, donde se usa durante la misa.

Taseomancia

Predecir el futuro a partir de las formas que dejan las hojas de té o el poso del café en el fondo de la taza después de bebérselos es lo que se llama taseomancia o taseografía. El té de hojas sueltas es el más popular, ya que deja figuras que pueden interpretarse para adivinar el destino de quien se lo ha bebido. No se sabe exactamente cuál es su origen, pero se sigue practicando hoy en día.

Oniromancia

¿Alguna vez has tenido un sueño que se ha hecho realidad? La oniromancia es la creencia de que los sueños pueden ayudarnos a predecir el futuro. Este arte ancestral existe desde al menos el año 3100 a. C. y se encuentra en muchas culturas. La gente pensaba que los sueños eran mensajes de los dioses, tanto advertencias como profecías. Hoy en día, a veces los usamos para tratar de entender qué nos pasa por la mente mientras dormimos.

ADIVINACIÓN

La adivinación es el arte de predecir el futuro, muchas veces por medios sobrenaturales. Los humanos siempre hemos sentido curiosidad por nuestro destino, por lo que la adivinación se ha practicado en numerosas culturas durante miles de años. Existen muchos tipos distintos de adivinación, ¡y algunos de ellos se siguen usando hoy en día!

Quiromancia

La quiromancia predice el destino de una persona a partir de las líneas de las palmas de sus manos. Se practica en todo el mundo y forma parte de muchas culturas. Durante el Renacimiento en Europa, se consideró un «arte prohibido» y la Iglesia católica decidió prohibirla. Los cazadores de brujas buscaban marcas concretas en las palmas de las acusadas, ya que se creía que eran señales de un pacto con el diablo.

Lanzamiento de runas

Las runas son un alfabeto antiguo. Según cuenta la leyenda, las descubrió el dios nórdico Odín. Para leer las runas, primero hay que tallarlas en palos, piedras o huesos y luego lanzarlas sobre una superficie lisa. Quien las lee interpreta el futuro según la forma en la que hayan caído.

Folclore y supersticiones

En el folclore celta, se creía que Halloween era un buen momento para practicar la adivinación. Las parejas jóvenes solían hacer un ritual llamado «quema de frutos secos» en el que arrojaban avellanas al fuego mientras recitaban un encantamiento para saber si su relación duraría.

«Si me odias, salta y huye, si me amas, arde y fluye».

Si las avellanas saltaban por el calor, se predecía un futuro infeliz para la pareja. Pero si ardían en silencio, significaba que estaban hechos el uno para el otro.

Astrología

La astrología es el arte de estudiar los cielos –las estrellas, el sol, la luna y los planetas– y usar sus movimientos para predecir el futuro. El primer sistema astrológico organizado que se conoce procede de la antigua Mesopotamia. Allí, la gente creó la primera rueda del zodiaco, que todavía usamos hoy para hacer los horóscopos. La astrología pronto viajó a la India, Europa y más allá y en la actualidad sigue siendo popular.

Augurios

Los augurios son una forma de adivinación de la antigua Grecia y Roma. Los augures eran personas que interpretaban los presagios y las señales de los dioses observando el comportamiento de las aves. En la mitología romana, los hermanos Rómulo y Remo usaron los augurios para decidir dónde construirían una nueva ciudad. Remo vio seis buitres en su lugar favorito, pero Rómulo se topó con doce en el suyo... y al final, fue él quien acabó fundando Roma.

I Ching

El *I Ching* es un antiguo texto chino usado para la adivinación. El libro contiene 64 hexagramas, que son conjuntos de seis líneas, tanto partidas como continuas. Cada hexagrama representa algo distinto, y quienes lo usan pueden crear y comparar sus propios hexagramas con los del *I Ching* para obtener consejo espiritual.

MEDIOS de TRANSPORTE

Cuando piensas en las brujas, seguro que te vienen a la cabeza las escobas voladoras. Pero ¿sabías que también usaban muchos otros medios de transporte? Y es que las brujas empleaban cosas muy curiosas para viajar, ¡desde ungüentos voladores hasta tamices encantados!

Escoba

Las humildes escobas se han convertido en un símbolo de la brujería, pero ¿por qué? Eran objetos habituales en las casas, usados para barrer la chimenea o limpiar el suelo. Y como se pensaba que la brujería era una práctica doméstica, muchos imaginaban que las brujas empleaban objetos cotidianos con fines mágicos. También se creía que podían volar usando tallos de maíz, briznas de hierba o haces de trigo. ¡Hasta se pensaba que las brujas capaces de transformarse en animales volaban igualmente montadas en escobas!

Ungüento volador

Algunas personas creían que las brujas preparaban ungüentos especiales que les permitían volar. Estos ungüentos se frotaban sobre la piel o sobre el objeto usado para viajar, como una escoba o un bastón. Algunas recetas incluían plantas que provocaban visiones.

Alfombra voladora

Las increíbles alfombras voladoras aparecen en muchas historias de magia y aventuras. En los cuentos de hadas rusos, la bruja Baba Yaga ayuda a Iván el Tonto regalándole una alfombra mágica voladora. En *Las mil y una noches*, una recopilación de cuentos populares de Oriente Medio, el príncipe Husain compra una alfombra mágica en la India. También se decía que el rey Salomón tenía una alfombra de seda verde que flotaba en el aire.

Mortero

Este utensilio de cocina está formado por un cuenco y un majadero y se utiliza para machacar y triturar ingredientes. Lleva usándose miles de años para cocinar y preparar medicinas, y quizás por eso se relacionó con la magia. Se decía que la bruja eslava Baba Yaga volaba por el cielo en un mortero en forma de cuenco, usando el majadero como timón. En otras culturas, se cuenta que las brujas se desplazaban por el agua en coladores, cáscaras de huevo o conchas marinas.

Animales

En algunos cuadros de la Europa de principios de la Edad Moderna, las brujas aparecen montando animales poco comunes, como lobos al galope o cabras... ¡pero de espaldas! Se creía que los lobos eran criaturas aterradoras que solo podían controlarse mediante la magia oscura, y las cabras, con sus pezuñas partidas, se asociaban a la figura de Satanás.

MAGIA CELTA

Los celtas eran un grupo de tribus que vivieron por toda Europa durante la Edad de Hierro. Todos estos pueblos estaban unidos por su idioma y compartían la creencia en la fuerza de la naturaleza. Para ellos, la Tierra era sagrada y tenía sus propios ritmos y energías.

Ceridwen
Hechicera galesa y diosa del conocimiento y el renacimiento

Ceridwen era un personaje mágico de la mitología galesa que vivía junto al lago Bala, en Gales del Norte. Era una hechicera muy poderosa, guardiana de un caldero mágico, y estaba relacionada con la poesía y la sabiduría. Podía transformarse en distintos animales y sabía preparar pócimas muy potentes. Hoy en día, las personas que practican el paganismo celta la consideran la diosa del conocimiento, la inspiración y el renacimiento.

Brigid
Divinidad irlandesa de la poesía y la sanación

Brigid es una diosa celta de la Irlanda precristiana. Está relacionada con la poesía, la sabiduría, la sanación, la protección y el arte de la forja. Sus habilidades la convirtieron en una diosa muy especial para los amantes del arte y la literatura. Más adelante, Brigid se transformó en una santa del cristianismo: santa Brígida, considerada la «madre santa» de Irlanda.

La Morrigan

Divinidad irlandesa de la guerra y la transformación

La Morrigan es una emblemática diosa céltica de la mitología irlandesa. Se asociaba a la guerra y a las profecías y se creía que podía predecir el resultado de las batallas. Se habla de ella sobre todo en el *Ciclo del Úlster* (una colección de leyendas de Irlanda), donde suele aparecer junto al héroe Cú Chulainn. La Morrigan tenía el poder de cambiar de forma. A menudo se transformaba en un cuervo o un grajo para asustar a los guerreros o infundirles valor.

Rhiannon

Divinidad galesa de los caballos y la Luna

La historia de esta poderosa diosa se narra en el *Mabinogion*, una recopilación de cuentos populares galeses de la Edad Media. Rhiannon, que venía del Otro Mundo, era imposible de atrapar a caballo y se dedicaba a cuidar aves mágicas capaces de adormecer a la gente y de despertar a los muertos con su canto. Se casó con un rey galés y era conocida por su sabiduría y poder. Se la asocia a los caballos, la luna, la fertilidad y el renacimiento.

ALICE KYTELER

Alice Kyteler vivió en Kilkenny, Irlanda, en la Edad Media. En 1324, fue la primera persona condenada por brujería en el país. Tras convertirse en una exitosa mujer de negocios, Alice fue acusada de hechicera y asesina y se libró de morir por muy poco.

En la Irlanda del siglo XIII, se esperaba que las mujeres se casaran y tuvieran hijos, en lugar de tener su propia carrera profesional. Alice Kyteler nació en una familia adinerada, y su primer esposo fue un rico prestamista llamado William Outlaw. Tras la muerte de Outlaw, Alice y su hijo se hicieron cargo de su negocio. Se casó tres veces más con hombres ricos, pero todos murieron y ella y su hijo heredaron sus fortunas. Cuando Alice se casó con su cuarto esposo, sir John le Poer, ya era una empresaria de éxito y muy rica. Sus hijastros la rechazaban, ya que pensaban que el dinero que había heredado tendría que ser para ellos, y desconfiaban de ella por haberse casado tantas veces. Cuando John le Poer enfermó, empezaron a extender el rumor de que Alice lo había envenenado.

Acusaciones de brujería

En 1324, los hijastros de Alice la acusaron a ella y a varios miembros de su hogar de brujería, y pidieron al obispo de Ossory que la arrestara. Se la declaró culpable de usar un ungüento volador, de hablar con los demonios, de sacrificar animales, de usar la brujería para asesinar a sus anteriores maridos y de envenenar a John le Poer.

El obispo exigió la detención de Alice, pero ella tenía amigos con influencias, por lo que, al final, ¡quien acabó arrestado fue el propio obispo! Una vez libre, ordenó que Alice se presentara ante él, pero ella consiguió huir a Inglaterra.

Un año después, Alice regresó. Molesta porque el obispo de Ossory la había excomulgado —es decir, la había expulsado de la Iglesia católica—, le pidió al arzobispo de Dublín que lo condenara. Pero el obispo no pensaba dejarse vencer una segunda vez, así que Alice y sus aliados fueron arrestados y encerrados en los calabozos del castillo de Kilkenny. El castigo por sus supuestos crímenes sería arrastrarlos por las calles y luego quemarlos en la hoguera.

La huida de Alice

En vista del grave peligro que corría, Alice recurrió a sus amigos en busca de ayuda. Se cree que Roger Outlaw, hermano de su primer esposo y canciller de Irlanda, pudo haberla ayudado a escapar. Alice huyó de nuevo a Inglaterra y nunca más se supo de ella. Otros miembros de su casa no tuvieron tanta suerte: su sirvienta, Petronilla, fue declarada culpable de herejía y ejecutada.

LA ACUSARON DE BRUJA Y DE HABER USADO VENENO.

Alice fue una mujer extraordinaria, pero por culpa de su éxito y sus riquezas se ganó muchos enemigos. Es una figura interesante porque no se parece al resto de acusados por brujería: en los siglos siguientes, la mayoría no fueron ricos ni poderosos. Pero, al igual que Alice, muchas de las acusadas eran mujeres que no encajaban en lo que la sociedad esperaba de ellas.

Chamanes

Los chamanes, presentes en regiones de Siberia, el norte de Europa y Asia Central, son líderes espirituales. Actúan como vínculo entre su comunidad y el mundo espiritual y ayudan con sus consejos y sabiduría. Aunque a veces se usa la palabra «chamanismo» para hablar de las prácticas espirituales de otros pueblos indígenas, en realidad, la mayoría de las culturas tienen su propia forma de referirse a ellos y siguen creencias y tradiciones distintas.

Practicantes del *hoodoo*

El *hoodoo* es un conjunto de creencias y tradiciones espirituales creado por las personas esclavizadas del sur de los Estados Unidos. Combina varias espiritualidades africanas con los conocimientos indígenas sobre plantas y hierbas. A quienes lo practican se les llama a veces «doctores de raíces» o «trabajadores de raíces». Pueden tratar enfermedades y lesiones con plantas y también ejecutando rituales y hechizos.

SANADORES MÁGICOS y SABIOS POPULARES

Aunque a lo largo de la historia casi todas las culturas han considerado a las brujas como seres malvados, la magia, en cambio, no siempre se ha visto de la misma forma. Desde la Europa de la Edad Media hasta la América del Norte actual, en muchas comunidades ha habido gente que ha usado sus poderes y conocimientos para hacer cosas buenas. Estas personas solían ser expertas en sanar o conectar con el mundo espiritual, y a menudo ayudaban a la gente a protegerse de la hechicería dañina.

Mudang

El *musok*, una religión popular coreana con muchos dioses distintos, es una parte importante de la cultura coreana. Las personas encargadas de ejecutar los rituales *musok* se llaman *mudang* y suelen ser mujeres. Las *mudang* pueden comunicarse con el mundo espiritual y tienen el don de la adivinación.

Los *mudang* llevan a cabo rituales llamados *gut* en los que se canta, se baila y se deja comida y bebida para los dioses.

Mother Shipton fue una herbolaria y profetisa inglesa, famosa por predecir sucesos como el gran incendio de Londres y la derrota de la Armada Española.

Sabios populares

Los practicantes de la magia mundana, conocidos como sabios populares, eran personas muy apreciadas en sus comunidades. Se los pudo encontrar por toda Europa desde la Edad Media hasta el siglo XX. Usaban amuletos o hechizos para ayudar a la gente a curarse de enfermedades, atraer la buena suerte o alejar la magia maligna, entre otros problemas. También podían comunicarse con los espíritus o las hadas, a quienes consideraban sus «ayudantes mágicos».

El alquimista Ŷabir ibn Hayyan estaba obsesionado con encontrar una pócima que otorgara la vida eterna.

Alquimistas

La alquimia es una mezcla de magia y ciencia. La practicaron los alquimistas durante muchos siglos y en varios continentes, desde el antiguo Egipto hasta India y el mundo islámico. Los alquimistas trataron de hacer cosas increíbles, como crear la «piedra filosofal», que supuestamente podía transformar varios metales en oro o plata, o elaborar una pócima que hiciera inmortal a quien se la bebiera.

VUDÚ

Esta religión tiene sus raíces en África Occidental. En el siglo XVIII, las personas africanas esclavizadas llevaron sus creencias a América y las mezclaron con el catolicismo para formar el vudú. Hoy en día, se practica principalmente en Haití y Luisiana, en los Estados Unidos. Los seguidores del vudú creen en un dios creador llamado Bondye y en unos espíritus llamados *iwa*. Esta religión se ha relacionado con la brujería y la magia dañina, pero esa es una idea errónea difundida por los colonizadores.

HISTORIA

Cuando los africanos esclavizados llegaron a Haití, en el Caribe, tuvieron que seguir el *Code Noir* de Francia, que prohibía todas las religiones salvo el catolicismo. Las prácticas religiosas tradicionales africanas eran temidas y se consideraban magia peligrosa, por lo que se castigaba a sus practicantes. Pese a ello, muchas personas mantuvieron sus creencias en secreto y las acabaron mezclando con las tradiciones católicas.

LOS LWA

Los *lwa* son los espíritus del vudú. Fueron creados por Bondye y su misión es guiar a los vivos. Hay más de 1000 *lwa*, cada uno con su propia personalidad y habilidades, y algunos están relacionados con determinados santos católicos. A los *lwa* se les venera con cariño y respeto, y tienen el poder de comunicarse con las personas a través de los sueños, la adivinación o la posesión.

Un *lwa* muy conocido, Papa Legba, es el guardián de las encrucijadas.

RITUALES Y PRÁCTICAS

Las ceremonias del vudú son alegres, ruidosas y abiertas a todo el mundo. Sirven para invocar a los espíritus, las dirige un *ougan* (sacerdote) o una *mambo* (sacerdotisa) y en ellas hay tambores, cantos, bailes, el trazo de *vévés* (dibujos espirituales) y ofrendas. Durante las ceremonias, se invita a los *lwa* a unirse a los vivos. A veces, alguno de ellos puede «poseer» a un fiel para comunicarse con la comunidad.

EL VUDÚ ES UNA RELIGIÓN ESPIRITUAL QUE NACIÓ DE LA UNIÓN DE LA GENTE Y LA LUCHA POR LA LIBERTAD.

CREENCIAS ERRÓNEAS

A los colonizadores franceses de Haití les daba miedo el vudú y lo consideraban como una amenaza para su dominio. Además, los medios de comunicación contribuyeron a difundir una imagen negativa de esta práctica y la asociaron a la brujería y la hechicería, aunque eso no sea cierto. El vudú es una religión profundamente espiritual que nació como una forma de luchar por la libertad, pero que también sirve para recordar el pasado, conectar con los ancestros y unir a la gente.

CELEBRACIONES

Las celebraciones dedicadas a los *lwa* más importantes suelen hacerse en los días de los santos. A lo largo del año también hay otras fiestas y celebraciones. El Día de los Difuntos se celebra con el nombre de *Fèt Gede*. Se trata de una de las fiestas más importantes del año, en la que se honra a las personas que fallecieron. La gente se disfraza, baila por las calles y hace ofrendas a los espíritus.

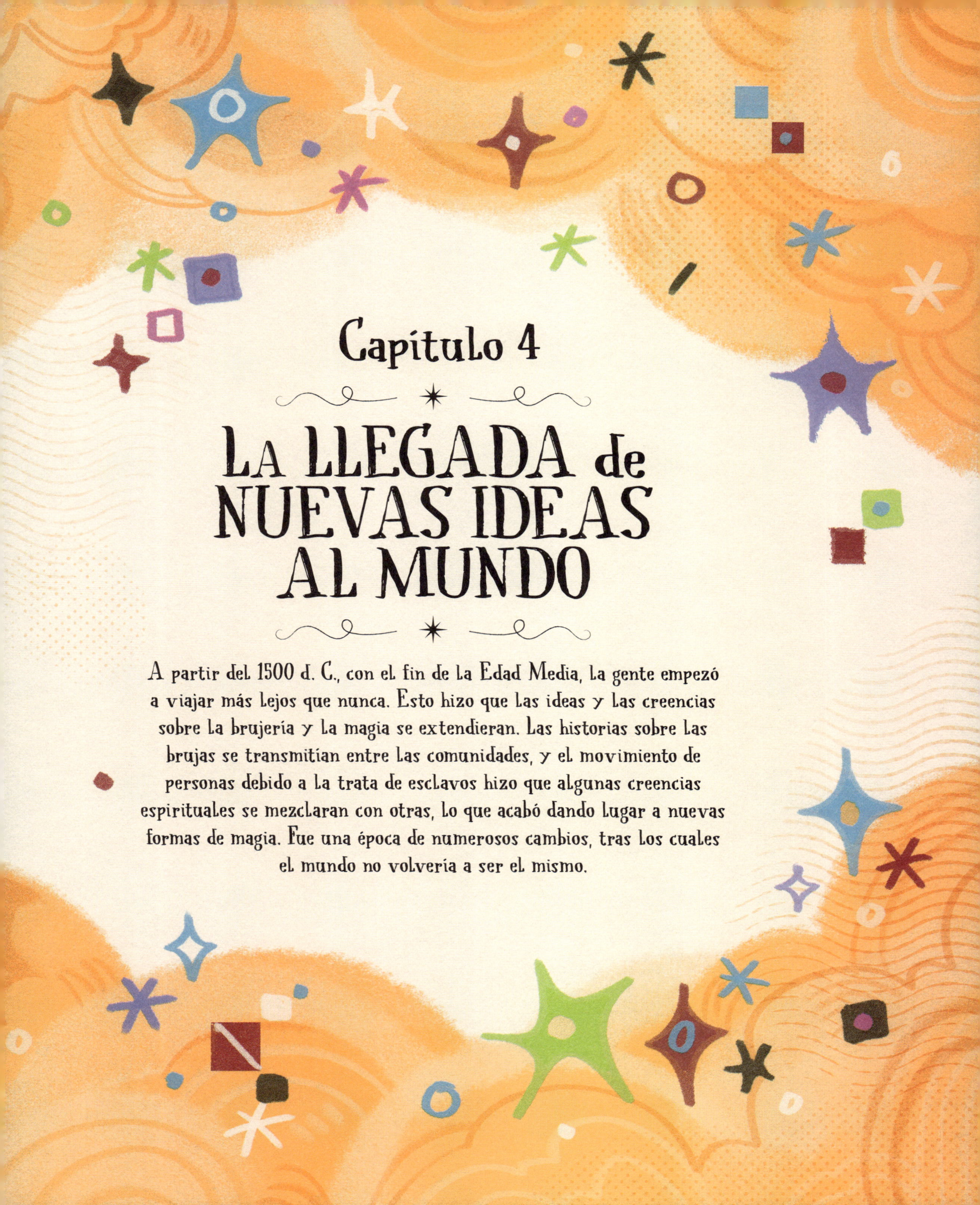

Capítulo 4

LA LLEGADA de NUEVAS IDEAS AL MUNDO

A partir del 1500 d. C., con el fin de la Edad Media, la gente empezó a viajar más lejos que nunca. Esto hizo que las ideas y las creencias sobre la brujería y la magia se extendieran. Las historias sobre las brujas se transmitían entre las comunidades, y el movimiento de personas debido a la trata de esclavos hizo que algunas creencias espirituales se mezclaran con otras, lo que acabó dando lugar a nuevas formas de magia. Fue una época de numerosos cambios, tras los cuales el mundo no volvería a ser el mismo.

El AUGE de LAS CAZAS DE BRUJAS

Entre 1450 y 1780, a principios de la Edad Moderna, Europa vivió una época muy agitada. Hubo guerras religiosas, hambrunas y enfermedades, y la vida diaria se volvió muy dura. La gente empezó a pensar que todo eso era culpa del diablo y que había personas que usaban la magia con fines maliciosos. Ese miedo hizo que muchísimas personas fueran acusadas injustamente de brujería y castigadas por ello.

TENSIONES RELIGIOSAS

En el siglo XVI, las enseñanzas de un sacerdote alemán llamado Martín Lutero dieron inicio a la Reforma, un movimiento que dividió a la Iglesia cristiana en dos grandes grupos: los católicos, que seguían al papa, y los protestantes, que no lo hacían. Cada uno creía tener la razón, y se libraron guerras muy duras por ese motivo. Ambos grupos empezaron a temer el creciente poder del diablo y pensaron que acabar con los herejes —personas con creencias contrarias a su religión— y quienes practicaban la magia dañina los ayudaría a demostrar que la fe verdadera era la suya.

LUCHAS SOCIALES

Esa época también fue un tiempo de grandes cambios en la sociedad. Europa se vio afectada por la Pequeña Edad de Hielo, y por su culpa se perdieron muchísimas cosechas y la gente pasaba cada vez más hambre. Para empeorar aún más las cosas, la peste negra arrasó el continente entre 1346 y 1351 y acabó con la vida de la mitad de la población. La gente temía que fuerzas sobrenaturales fueran las causantes de esta terrible enfermedad y, después de tanta destrucción, surgieron revueltas en gran parte de Europa. En unas sociedades tan religiosas y supersticiosas como aquellas, era fácil culpar de todo lo ocurrido a las brujas y a la magia dañina.

MANUALES PARA CAZAR BRUJAS

Durante el siglo XV, empezaron a publicarse libros y panfletos que atacaban a la brujería, como el *Formicarius* y el *Errores Gazariorum*. El más famoso de todos ellos fue el *Malleus Maleficarum*, que significa «El martillo de las brujas», y fue publicado en 1487 por Heinrich Kramer. Este libro enseñaba a identificar y castigar a las brujas y se volvió muy popular. Durante el Renacimiento, algunos estudiosos empezaron a interesarse por los demonios y a creer que las brujas hacían pactos con ellos y con el diablo. Gracias al *Malleus Maleficarum* y a otras publicaciones, estas ideas llegaron aún a más gente.

Gracias a la invención de la imprenta europea en 1436, los libros y panfletos empezaron a imprimirse y distribuirse por poco dinero y llegaron a muchas más personas.

MALLEVS MALEFICARVM,
MALEFICAS ET EARVM
hæresim frameâ conterens,
EX VARIIS AVCTORIBVS COMPILATVS,
& in quatuor Tomos iustè distributus,
QVORVM DVO PRIORES VANAS DÆMONVM versutias, præstigiosas eorum delusiones, superstitiosas Strigimagarum cæremonias, horrendos etiam cum illis congressus; exactam denique tam pestiferæ sectæ disquisitionem, & punitionem complectuntur. Tertius praxim Exorcistarum ad Dæmonum, & Strigimagarum maleficia de Christi fidelibus pellenda; Quartus verò Artem Doctrinalem, Benedictionalem, & Exorcismalem continent.
TOMVS PRIMVS.
Indices Auctorum, capitum, rerùmque non desunt.
Editio nouissima, infinitis penè mendis expurgata; cuique accessit Fuga Dæmonum & Complementum artis exorcisticæ.
Vir siue mulier, in quibus Pythonicus, vel diuinationis fuerit spiritus, morte moriatur; Leuitici cap. 20.

LVGDVNI,
Sumptibus CLAVDII BOVRGEAT, sub signo Mercurij Galli.
M. DC. LXIX.
CVM PRIVILEGIO REGIS.

LAS MUJERES Y LAS CAZAS DE BRUJAS

En esa época, los hombres y las mujeres no eran iguales. El *Malleus Maleficarum* aprovechaba las creencias falsas sobre las mujeres para asegurar que era más probable que ellas cayeran en la brujería. En él se explicaba que eran más codiciosas y bobas que los hombres, por lo que era más fácil que se dejaran engañar o tentar para colaborar con el diablo. También se afirmaba que les gustaba cotillear y que se enseñaban «artes malignas» entre ellas. Las mujeres que no encajaban en la sociedad, como las ancianas, las pobres o las viudas, tenían más probabilidades de ser acusadas de brujería, ya que asustaban a la gente por ser diferentes.

LOS JUICIOS POR BRUJERÍA EN EUROPA

Entre los siglos XV y XVIII, la caza de brujas se extendió por toda Europa y unas 30.000 personas fueron ejecutadas. La mayoría de las acusadas eran mujeres y procedían de familias pobres. En Escocia, Escandinavia y el oeste de Alemania se celebraron muchos juicios colectivos. En cambio, en España, Italia y otros países del sur de Europa las ejecuciones por brujería fueron poco habituales.

Noruega
Dinamarca
Países Bajos
Bélgica
Irlanda
Reino Unido
Alemania
Francia
Suiza
Italia
España
Portugal

1. Kilkenny, Irlanda (1324)

Alice Kyteler, su hijo y sus sirvientes fueron acusados de brujería y asesinato. Alice logró escapar, pero su criada Petronilla fue ejecutada.

2. Valais, Suiza (1428-1447)

En uno de los juicios por brujería más antiguos de Europa, al menos 367 hombres y mujeres fueron acusados de brujería y ejecutados.

3. Val Camonica, Italia (1505-1510 y 1518-1521)

Esta región de Italia fue sospechosa de paganismo durante mucho tiempo. Dos tandas de juicios por brujería provocaron la ejecución de cientos de personas acusadas de practicar la hechicería.

12. Anglia Oriental, Inglaterra (1645-47)

Durante la Guerra Civil inglesa, bajo el mando del «general cazador de brujas» Matthew Hopkins, al menos mil personas fueron acusadas de brujería y cien murieron ejecutadas en East Anglia.

13. Lukh, Rusia (1656-1660)

Uno de los juicios por brujería más grandes de Rusia tuvo lugar en el pueblo de Lukh, cerca de Moscú. 25 personas fueron acusadas de lanzar hechizos para causar convulsiones y enfermedades, y cinco murieron ejecutadas. La mayoría de los acusados fueron hombres.

14. Torsåker, Suecia (1674-1675)

El mayor juicio por brujería de Suecia se celebró en Torsåker, después de que los líderes protestantes extendieran los rumores de brujería y hechicería entre sus parroquias. Se ejecutaron 71 personas en un solo día.

15. Salzburgo, Austria (1675-1690)

Uno de los juicios por brujería más famosos tuvo lugar en Salzburgo, Austria. Casi todos los acusados eran hombres. Se ejecutaron 139 personas por seguir al «mago Jackl», un hombre al que nunca capturaron. 39 de los ejecutados eran niños, y la mayoría fueron mendigos o personas sin hogar.

16. Doruchów, Polonia (1775)

Uno de los últimos juicios colectivos por brujería en Europa, el juicio de las brujas de Doruchów, terminó con la ejecución de hasta 14 mujeres. Se cree que pudo haber provocado la prohibición de la quema de brujas en Polonia. Sin embargo, algunos historiadores dudan de que todo aquello ocurriera realmente.

4. Navarra,
España (1525-26)

Después de que el Consejo de Navarra enviara a un delegado especial para investigar a las personas que vivían en las montañas del norte del Pirineo, se celebraron varios juicios por brujería en la zona.

5. Tréveris,
Alemania (1581-1593)

El arzobispo Johann von Schönenberg intentó acabar con las «brujas» en la ciudad católica alemana de Tréveris. Alrededor de 368 personas fueron ejecutadas.

6. North Berwick,
Escocia (1590)

El rey Jacobo VI y su nueva esposa estuvieron a punto de ahogarse al regresar de un viaje a Dinamarca y culparon de ello a la brujería. Casi 70 personas, incluida la nobleza escocesa, fueron acusadas por el accidente.

Finlandia
Suecia
14
Estonia
Letonia
Lituania
13
Rusia
Bielorrusia
Polonia
16
República Checa
Eslovaquia
15
Austria
Ucrania
Hungría
Rumanía
Serbia
Bulgaria
Grecia
Turquía

7. Copenhague,
Dinamarca (1590-91)

El primer gran juicio por brujería de Dinamarca se celebró en Copenhague. 17 personas fueron ejecutadas en un proceso relacionado con el juicio por brujería de North Berwick y las tormentas que pusieron en peligro a la flota real.

8. Aix-en-Provence,
Francia (1611)

Cuando un grupo de monjas sufrió una «posesión demoníaca» en el sur de Francia, un sacerdote llamado Louis Gaufridi fue acusado de haberlas hechizado mediante un pacto con el diablo. El padre fue declarado culpable y ejecutado. Veinte años después ocurrió algo parecido en Loudun, Francia.

9. Pendle, Inglaterra (1612)

En el condado inglés de Lancashire, una adolescente llamada Alizon Device «maldijo» a un hombre de la zona. Su hermana menor, Jennet, declaró en el juicio y acusó a toda su familia de brujería. En total, fueron ejecutadas 12 personas.

10. Vardø, Noruega (1621)

Una tormenta inesperada ahogó a muchos hombres de Vardø, una localidad del norte de Noruega. Poco después, en el juicio, algunos de los acusados aseguraron que el accidente había sido cosa de las «brujas». Tras este proceso, se celebraron dos juicios colectivos más en la misma Vardø. Muchas de las personas detenidas y ejecutadas eran indígenas sami.

11. Bamberg,
Alemania (1626-1631)

Uno de los juicios por brujería más importantes de la historia tuvo lugar durante la Guerra de los Treinta Años, un conflicto religioso que enfrentó a protestantes y católicos. En él, unas mil personas fueron ejecutadas por brujería.

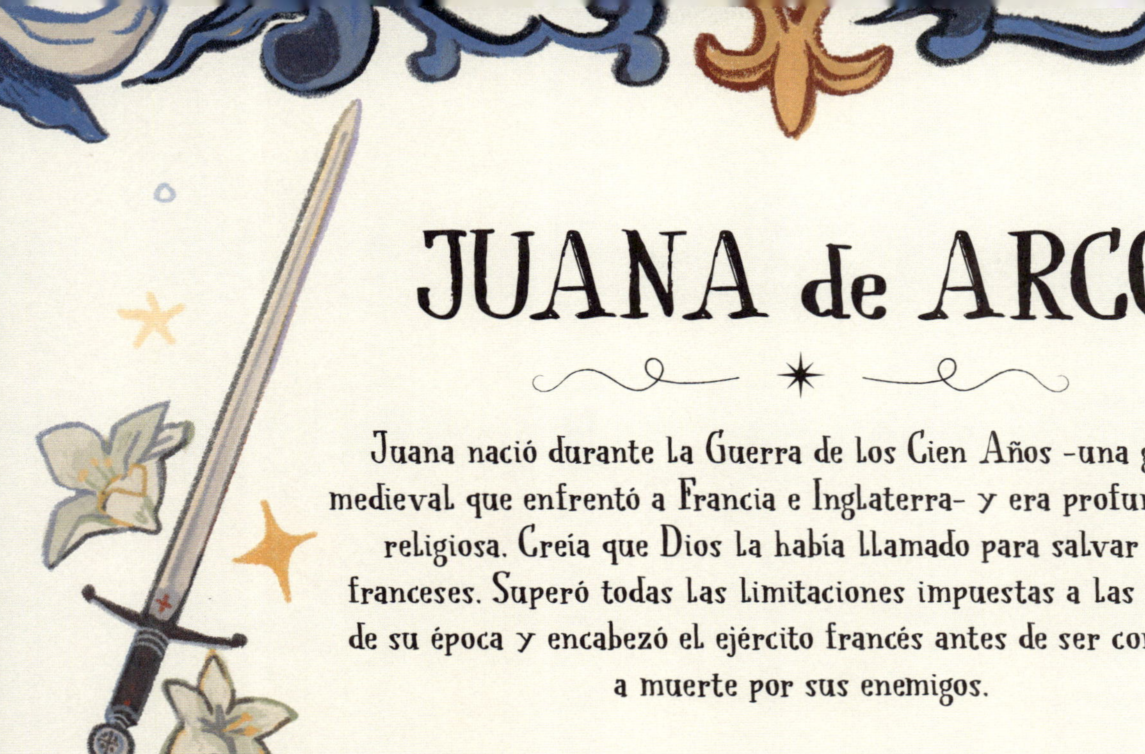

JUANA de ARCO

Juana nació durante la Guerra de los Cien Años -una guerra medieval que enfrentó a Francia e Inglaterra- y era profundamente religiosa. Creía que Dios la había llamado para salvar a los franceses. Superó todas las limitaciones impuestas a las mujeres de su época y encabezó el ejército francés antes de ser condenada a muerte por sus enemigos.

Juana nació en 1412 en Domrémy, Francia, en el seno de una familia pobre. Al ser una chica, se esperaba que se casara y pasara su vida dedicándose al hogar. Sin embargo, cuando cumplió trece años, Juana comenzó a oír voces, que ella creía que eran del arcángel Miguel, santa Margarita y santa Catalina. Estas voces le dijeron que Dios la había elegido para una misión especial: liderar a los franceses hacia la victoria en su guerra contra Inglaterra. Poco después, partió decidida a cumplir con su divina misión.

Juana, la guerrera

En 1428, Juana llegó a Vaucouleurs acompañada de un pequeño grupo de seguidores. Quería reunirse con Carlos de Valois, el príncipe heredero de Francia, para explicarle su misión. Sin embargo, él se encontraba en Chinon, a once días de marcha, al otro lado del territorio enemigo. Sin mostrar ningún miedo, Juana se cortó el pelo y se vistió de hombre para poder hacer el viaje. Cuando llegó a Chinon, le pidió a Carlos un ejército para luchar contra los ingleses. Él se creyó su historia y aceptó. Entonces Juana se puso una armadura y, montada a caballo, lideró a los franceses en el combate hasta obligar a los ingleses a retirarse.

Juana, acusada de bruja

Tras la victoria de Juana, su fama como guerrera enviada por Dios se extendió como la pólvora. En 1430, fue capturada por aliados de los ingleses y entregada a sus enemigos. Los ingleses la juzgaron por brujería y herejía y por vestirse como hombre. Aunque eran amigos, Carlos —que entonces ya era rey— no envió a nadie para ayudarla, y Juana fue declarada culpable.

El legado de Juana

Con tan solo diecinueve años, Juana fue ejecutada. Como acusada de brujería, su castigo fue morir quemada en la hoguera. En 1920, Juana fue canonizada como santa. Hoy en día se la considera una de las seguidoras más fieles de la Iglesia católica, una de las mártires más importantes de la historia y la santa patrona de Francia. El papa Benedicto xv declaró que su vida era «una prueba de la existencia de Dios».

INMERSIÓN

Sumergir a una bruja en el agua fue uno de los métodos más habituales. A las personas sospechosas de brujería se las arrastraba hasta un estanque o un río con las manos y las piernas atadas. Luego se las hundía en el agua usando una «silla de inmersión» o una simple cuerda atada a la cintura. Se creía que el agua era sagrada y que rechazaría el mal. Por eso, si la persona flotaba, se consideraba que había cometido brujería, pero si se hundía, se la declaraba inocente. Aunque a los inocentes se los sacaba del agua, para algunas víctimas de este juicio acuático ya era demasiado tarde.

LA MARCA DE LA BRUJA

Según se creía, la «marca del diablo» o «marca de la bruja» era un punto del cuerpo de una bruja que el diablo había tocado, y se consideraba como un símbolo del pacto que ambos habían hecho. También se pensaba que podía ser el lugar del que se alimentaba un familiar (un espíritu o criatura al servicio de la bruja). A menudo, pecas, lunares o marcas de nacimiento totalmente naturales se tomaban erróneamente por estas marcas.

MÉTODOS para JUZGAR A UNA BRUJA

Si una persona era acusada de brujería, podían llevarla a juicio. Sin embargo, la brujería se consideraba una actividad secreta que ocurría en la oscuridad, sin que nadie lo viera. Entonces, ¿cómo se podía acusar a alguien de hacer brujería? A principios de la Edad Moderna, en Europa existían muchas técnicas que, según se creía, servían para demostrar la culpabilidad de una persona. Aunque, por supuesto, la mayoría de las veces, las historias sobre brujas se inventaban por puro miedo o rencor.

PADRENUESTRO

Alguna gente creía que las brujas, al ser servidoras del diablo (es decir, personas que obraban el mal), no podían recitar las palabras de la Biblia. Una forma habitual de juzgarlas era pedirles que recitaran en voz alta el padrenuestro, una de las oraciones más conocidas del cristianismo. Si se trababan o cometían algún error, los jueces lo consideraban una prueba de brujería. Sin embargo, muchas de las personas acusadas no sabían leer ni escribir, y con toda la presión del juicio aún era más fácil que se equivocaran.

PRUEBA DEL TACTO

La prueba del tacto era una forma de saber si una persona sospechosa practicaba o no la brujería. A menudo se creía que, si alguien sufría una enfermedad repentina, un ataque o un episodio de locura, era por culpa de la brujería. En esos casos, se obligaba al sospechoso a poner su mano sobre el afectado. Si la víctima se calmaba o mejoraba, se consideraba que había enfermado por culpa del acusado. Si no había ninguna reacción, el acusado se declaraba inocente.

TARTA DE BRUJA

La «tarta de bruja» era un dulce especial (¡y asqueroso!) que se usaba para identificar a una persona sospechosa de haber usado la brujería para hacerle daño a alguien. Se mezclaban harina de centeno, cenizas y un poco de orina de la víctima y se horneaba todo junto para preparar una especie de tarta. Luego se le daba de comer a una mascota, como un gato o un perro, ya que se creía que muchos animales eran familiares de las brujas. Si la mascota mostraba los mismos síntomas que la víctima, se consideraba una prueba de que la enfermedad había sido causada por la brujería. Además, ¡también se esperaba que el animal revelara el nombre de la bruja culpable!

PINCHAZO

Algunas personas creían ser capaces de encontrar la «marca del diablo» de una bruja pinchándola con una aguja hasta detectar un punto en su cuerpo donde no sintiera dolor, que era donde se suponía que el diablo había dejado su marca. Se piensa que Matthew Hopkins, un famoso cazador de brujas, usaba una aguja con la punta retráctil para simular que pinchaba a los detenidos. Así, los podía acusar falsamente de brujería.

Philipp Adolf von Ehrenberg
Entre 1625 y 1631, tuvieron lugar algunos de los juicios por brujería más grandes de Europa en la ciudad de Wurzburg, Alemania. No se sabe por qué motivo se celebraron estos juicios colectivos, pero las acusaciones de brujería crecieron como la espuma y cientos de hombres, mujeres y también niños fueron ejecutados. Los juicios estuvieron bajo la supervisión de los príncipes-obispos de Wurzburg, y durante el mandato de Philipp Adolf von Ehrenberg ejecutaron hasta 900 personas, ¡incluido su propio sobrino!

CAZADORES DE BRUJAS

Algunas personas se sentían orgullosas de su capacidad para reconocer a quienes practicaban la magia dañina. Muchos de estos «cazadores de brujas» fueron responsables del juicio y la ejecución de cientos de personas. Pero ¿por qué lo hacían? Los cazadores de brujas solían recibir mucho dinero por su trabajo y, en una época en la que la mayoría de las personas creían en la magia maligna, seguramente se pensaba que esa era una buena forma de protegerse.

Christian Caldwell, «John Dickson»
Christian Caldwell fue una mujer escocesa que se hizo pasar por un hombre llamado John Dickson. Lo hizo para poder trabajar como «pinchador de brujas», un oficio bien pagado que consistía en identificar a las «brujas» pinchándolas con agujas. La verdadera identidad de Christian fue descubierta después de que acusara por error a un importante mensajero judicial. Fue llevada a juicio y, en 1663, desterrada a una plantación en Barbados.

Matthew Hopkins
Junto con su colega John Stearne, Matthew Hopkins fue responsable del juicio y la ejecución de unas 300 personas durante la Guerra Civil inglesa (1642-1651). Hopkins se hacía llamar a sí mismo «general cazador de brujas» –aunque en realidad no tenía un cargo oficial– y recorrió el este de Inglaterra en su busca. Los habitantes de los pueblos y aldeas le pagaban bien, y pronto se ganó una siniestra reputación. Hopkins usaba métodos brutales contra los acusados, como no dejarles dormir durante horas y horas o pincharlos con agujas.

Tenskwatawa

Tenskwatawa fue un líder religioso de la tribu nativa americana *shawnee*. Quería que su pueblo conservara sus valores y forma de vida tradicionales, y no le gustaba que los colonos europeos hubieran invadido sus tierras. Tenskwatawa no quería que los *shawnee* tuvieran contacto con ellos, y trataba mal a quienes no compartían su forma de ver las cosas. Acabó acusando de brujería a todas esas personas y fue responsable de la muerte de muchos indígenas.

Nicholas Rémy

Nicholas Rémy nació en 1530 y fue un cazador de brujas francés. Cuando era pequeño, asistió a varios juicios por brujería y esa experiencia lo marcó para siempre. En 1583, se convirtió en uno de los abogados más importantes del país, encargado de una amplia región conocida como el Ducado de Lorena. Durante ese tiempo, se dedicó a juzgar y ejecutar a todas las personas sospechosas de brujería que pudo. En su libro *Daemonolatreiae*, afirmó ser responsable de la muerte de más de 800 «brujas».

Sébastien Michaëlis

Sébastien Michaëlis fue un sacerdote francés que, durante la década de 1580, participó en varios juicios por brujería. Más adelante, empezó a interesarse por los demonios y llegó a considerarse a sí mismo un «demonólogo». Hacia 1611, ya era un interrogador temido, y le encargaron investigar el caso de una monja que parecía estar poseída por un demonio. Un sacerdote de la zona, el padre Louis Gaufridi, fue acusado de haberla hechizado, y Michaëlis lo torturó hasta hacerlo confesar. Gaufridi fue declarado culpable y murió ejecutado.

El SABBAT

El día de descanso del judaísmo y el cristianismo se conoce como *sabbat*. La Biblia dice: «acuérdate del *sabbat* para santificarlo», lo que significa que, mientras que el resto de la semana es para trabajar, ese día está dedicado al descanso y a rendir culto a Dios. A principios de la Edad Moderna, en Europa se creía que las brujas celebraban sus propios *sabbat*, en los que se reunían para lanzar hechizos y practicar magia oscura.

Los *sabbat* de las brujas eran totalmente opuestos a los días religiosos de descanso. Se decía que ocurrían en plena noche y que, en lugar de rezar, las brujas organizaban festines, bailaban sin control y adoraban al diablo. Supuestamente, estos *sabbat* se celebraban en lugares salvajes y apartados, como en lo más profundo de los bosques o en páramos azotados por el viento.

El SABBAT *y la caza de brujas*

Al principio, el *sabbat* era algo de lo que solo hablaban los eruditos y sacerdotes, y no formaba parte de las creencias populares sobre la brujería. Pero tras la invención de la imprenta, la gente empezó a descubrir más cosas sobre el mundo gracias a los textos e imágenes impresos.

Eso hizo que las imágenes del *sabbat* y los relatos sobre los juicios fueran cada vez más conocidos. Cuando se interrogaba a las personas acusadas de brujería, a menudo se les preguntaba si habían asistido a un *sabbat* y quién más estaba ahí.

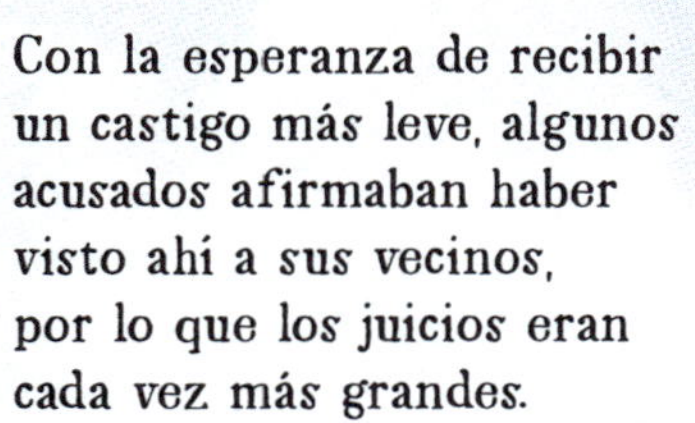
Con la esperanza de recibir un castigo más leve, algunos acusados afirmaban haber visto ahí a sus vecinos, por lo que los juicios eran cada vez más grandes.

LA GENTE EMPEZÓ A IMAGINAR HISTORIAS SOBRE EL SABBAT.

Batallas nocturnas

Durante los siglos XVI y XVII, hubo en Italia un grupo de trabajadores del campo llamados *benandanti* («buenos caminantes»). Los *benandanti* afirmaban que, de noche, mientras dormían, podían salir de sus cuerpos para enfrentarse a las brujas malvadas y asegurarse de que las próximas cosechas fueran abundantes. Sin embargo, ellos mismos acabaron siendo acusados de brujería cuando sus batallas nocturnas se confundieron con los aquelarres de las brujas.

Volando hacia el sabbat

Se creía que las brujas se untaban un ungüento sobre el cuerpo o sus escobas para poder volar hasta el lugar de celebración de los aquelarres nocturnos. Algunas recetas de estos ungüentos han llegado hasta nuestros días. Muchos de sus ingredientes eran plantas que, al aplicarse sobre la piel, provocaban alucinaciones.

Los sabbat de la wicca

La religión moderna de la *wicca* celebra varios *sabbat* a lo largo del año, incluidos los solsticios de verano e invierno. Suelen coincidir con los cambios de estación y son momentos de grandes banquetes, celebración y reflexión.

LA INQUISICIÓN MEXICANA

Durante el siglo XVI, los países europeos competían por conquistar territorios y establecer colonias en el «Nuevo Mundo» de las Américas, a pesar de que allí ya vivían los pueblos indígenas. En 1521, un conquistador español llamado Hernán Cortés y su ejército derrotaron al poderoso Imperio azteca y tomaron el control de gran parte de lo que hoy es México. Los católicos españoles consideraban peligrosas las creencias y los rituales de los pueblos indígenas de México, por lo que crearon la Inquisición mexicana para convertirlos al catolicismo y acabar con sus creencias.

CURANDERAS

Las curanderas y los curanderos son sanadores populares. Sus métodos de curación, conocidos en conjunto como curanderismo, incluyen la medicina con plantas, la partería y el contacto con el mundo espiritual. Estas prácticas, sumado el hecho de que en muchas ocasiones las llevaran a cabo mujeres, hicieron que la Inquisición considerara el curanderismo como brujería. Sin embargo, los acusados se libraban muchas veces del castigo, ya que sus conocimientos y habilidades médicas los convertían en personas muy importantes para sus comunidades.

LA INQUISICIÓN MEXICANA

La Inquisición acusó a muchos mexicanos de brujería y hechicería. Su «brujería» era en realidad una mezcla de creencias indígenas, religión española y rituales de adivinación traídos por personas africanas esclavizadas. A los culpables se los castigaba con una terrible ejecución: morían quemados en la hoguera.

La gente tenía cada vez más miedo y desconfianza. Los vecinos se acusaban entre sí, y familias enteras se enfrentaban las unas a las otras. Todos temían ser arrestados por la Inquisición a menos que acusaran antes a otras personas.

LA HISTORIA DE SOLEDAD

Soledad era una hábil herbolaria y curandera de la ciudad de Córdoba, México. Cuando el alcalde de Córdoba, don Martín de Ocaña, intentó conquistarla, ella lo rechazó con delicadeza. Don Martín se enfureció y empezó a decir que ella era una «bruja» y que lo había hechizado con una pócima de amor.

Los vecinos apreciaban mucho a Soledad, pero temían que la Inquisición mexicana los castigara si no apoyaban a don Martín. Así pues, al interrogarlos, juraron haberla visto sobrevolar la ciudad por la noche y aseguraron que los había obligado a vender sus pócimas de amor.

Soledad fue declarada culpable de brujería y condenada a muerte. Pero mientras se paseaba por su celda pensando en cómo podría escapar, se le ocurrió una idea...

Le pidió a un guardia que le trajera un trozo de carbón para entretenerse dibujando en la pared. El guardia observó asombrado cómo Soledad trazaba, con gran detalle, la imagen de un barco navegando en el océano.

«¿Qué te parece?», le preguntó ella.
«¿Crees que le falta algo?».

El guardia se encogió de hombros. «No lo creo, me parece perfecto. Aunque bueno... quizás le falte un capitán».

Soledad se rio. «¡Tienes razón!», dijo, y antes de que el guardia pudiera siquiera pestañear, saltó al barco y huyó navegando a través de las paredes de la prisión.

Hay quien cree que el espíritu de Soledad aún sigue en Córdoba. Algunas personas afirman haberla visto volar por la noche, y otras hablan de luces extrañas y cantos procedentes de la casa donde vivía. También se cuenta que, de vez en cuando, un barco espectral surge de las paredes de la prisión con Soledad a bordo.

COLONIALISMO Y BRUJERÍA

El colonialismo ocurre cuando un país se apodera por la fuerza de un territorio y de las personas que viven en él. Entre los siglos XV y XX, los colonos europeos ocuparon muchas regiones del mundo. Sin embargo, estos lugares no estaban deshabitados. Los pueblos que vivían allí, conocidos como indígenas, fueron maltratados por los colonizadores. Sus tradiciones no eran respetadas ni comprendidas, y en algunos territorios colonizados, sus creencias se confundieron con la brujería. Los colonizadores intentaron por todos los medios imponer sus propias creencias -sobre todo cristianas- a los pueblos indígenas.

IDEAS ERRÓNEAS SOBRE LOS SANADORES

Cuando en 1483 los portugueses llegaron al Reino del Congo, en África Central, no entendieron muchas de las costumbres ni creencias de las personas que ya vivían ahí. Los *nganga*, sanadores divinos que curaban enfermedades y protegían a las personas de los espíritus malignos, fueron acusados de ser hechiceros y adoradores del diablo. En América del Norte, los líderes espirituales indígenas eran respetados como sabios sanadores que protegían a la gente de las fuerzas sobrenaturales, pero los colonizadores europeos creyeron que practicaban magia dañina.

LUCHA POR EL PODER

En Jamaica, los colonizadores británicos usaban la palabra *obeah* para referirse a las tradiciones religiosas, mágicas y curativas practicadas por las personas africanas esclavizadas. Como les preocupaba que usaran el *obeah* para plantarles cara, los colonizadores lo declararon ilegal en 1760. Sin embargo, hoy en día se sigue practicando en Jamaica. Los practicantes del *obeah* tienen dones especiales que usan para ayudar a otra gente, por ejemplo, curando enfermedades o anulando hechizos. Algunas personas creen que el *obeah* debería legalizarse de nuevo y están luchando para derogar la ley.

La figura del *obeah* que le robaron a un hombre en Jamaica

DESPRECIO POR LOS RITUALES

Los colonizadores europeos a menudo no comprendían los rituales de otras culturas. Al llegar a nuevos lugares, solían hacerse una idea equivocada sobre las personas que ya vivían allí. Por ejemplo, los pueblos inuit del Ártico y del norte de Europa creían en muchos dioses. Sus sanadores, llamados *angakkuq*, ejecutaban ritos especiales para ayudar a los cazadores a conseguir suficiente comida para el invierno. Pero cuando los colonizadores europeos entraron en contacto con ellos alrededor del 1500 d. C., en lugar de respetar sus creencias, las tomaron por brujería.

Los colonizadores a su llegada al norte de Europa

TIERRAS Y RELIGIÓN

A menudo, los colonizadores querían apoderarse de las tierras ajenas porque contenían recursos valiosos, como oro o azúcar. Los yanomamis son un pueblo indígena que vive en la selva amazónica y cree que cada elemento de la naturaleza contiene un espíritu. En la década de 1950, llegaron a sus tierras madereros y buscadores de oro para invadirlas. Incluso hoy en día, los yanomamis siguen en peligro porque en su territorio hay recursos naturales muy buscados.

Los colonizadores intentaron obligar a los pueblos indígenas a olvidar sus creencias y aceptar sus leyes y religión para tenerlos más controlados. Estas ideas causaron desigualdades en la sociedad que hoy en día siguen afectando a pueblos indígenas de todo el mundo.

Un chamán yanomami de Brasil

OBJETOS MÁGICOS

Los objetos mágicos aparecen en muchos mitos y leyendas de todo el mundo. Suelen ayudar a sus dueños a escapar del peligro o a completar misiones cumpliendo sus deseos u otorgándoles poderes sobrenaturales. Algunos de ellos se mencionan en cuentos populares o de hadas, y otros tienen un significado religioso o espiritual. ¿Conoces algún objeto mágico?

Casco de la invisibilidad

En la mitología griega antigua, el casco de la invisibilidad era un objeto que podía hacer invisible a quien se lo pusiera. Se decía que Zeus, el rey de los dioses, se lo dio a Hades durante una guerra. También lo usaron la diosa de la guerra Atenea, el dios mensajero Hermes y el héroe Perseo.

Martillo mágico

En la mitología japonesa, el martillo mágico, conocido como *uchide no kozuchi*, es una herramienta de madera que aparece en muchas historias populares. Se dice que este martillo puede golpearse para crear todo lo que se desee, desde abundantes riquezas hasta felicidad y buena suerte. A menudo aparece en la mano de Daikoku-ten, una deidad de la riqueza y la prosperidad.

Incensario

Un incensario es un objeto especial que sirve para quemar incienso. Está relacionado con varias prácticas religiosas o espirituales. En China y Oriente Medio, se han encontrado incensarios con forma de leones, pájaros, vacas y otros animales. Por su parte, los mayas pintaban sus incensarios con imágenes coloridas y los usaban para comunicarse con los dioses.

Cintamani

La piedra *cintamani*, encontrada tanto en la tradición hindú como en la budista, es una joya mágica capaz de conceder deseos. En el hinduismo, suele representarse en manos del dios Vishnu y es un bonito rubí rojo. Algunos budistas, en cambio, creen que es una perla brillante y que la sostiene el mismísimo Buda.

Botas de siete leguas

Las botas de siete leguas son un par de botas mágicas que permiten dar pasos de siete leguas de largo. La longitud de una legua no está del todo clara, pero se cree que equivale a unos 3,9 km. Estas botas aparecen en varios cuentos populares y de hadas europeos (los del escritor francés Charles Perrault fueron los más famosos).

LOS JUICIOS POR BRUJERÍA DE PENDLE

Imagínate tener nueve años y ayudar a encarcelar a tu propia familia por brujería. Eso fue lo que le pasó a Jennet Device en Lancashire, Inglaterra, en uno de los juicios por brujería más famosos del siglo XVII. El rey de aquella época era Jacobo VI, y le daban tanto miedo las brujas que escribió un libro sobre ellas llamado *Daemonologie*. ¡La gente empezó a sospechar que había brujas por todas partes!

Pendle, un pequeño distrito de Lancashire, Inglaterra, apenas era un conjunto de aldeas en el siglo XVII, todas ellas agrupadas al pie de la colina de Pendle Hill. En aquella época, para muchas personas la vida era muy dura. Jennet Device, que tenía nueve años, vivía con su madre Elizabeth, su hermana Alizon, su hermano James y su abuela Demdike. La familia era muy pobre y vivía en una casa llamada Malkin Tower. Demdike era conocida como una «sabia popular», alguien que sabía usar la magia.

Los Device no se llevaban nada bien con sus vecinos, Anne Whittle (conocida como Chattox) y su hija Anne Redferne. La familia de Chattox les había robado años atrás, y ellos nunca se lo habían perdonado.

La maldición

Un día, Alizon Device estaba pidiendo limosna cuando pasó un vendedor ambulante con cosas para vender. Ella le pidió uno de los alfileres de plata que llevaba en la bolsa, pero él se negó a dárselo. Entonces, Alizon se enfadó y le echó una maldición. Al hacerlo, el vendedor se puso pálido, tropezó y se desplomó en el suelo. Alizon se asustó muchísimo y corrió a casa a confesar lo que había hecho.

Al día siguiente, Alizon fue a ver al vendedor ambulante. Lloró y le suplicó que la perdonara, pero ya era demasiado tarde. El vendedor denunció los hechos al magistrado del pueblo, Roger Nowell.

Nowell interrogó a Alizon y ella admitió haber maldecido al vendedor ambulante, pero también aprovechó para acusar a Chattox y a Anne Redferne de haber embrujado y matado a cuatro personas. Cuando las trajeron al juicio, ellas respondieron acusando a su vez a la abuela Demdike de ser una «bruja». Así que, al final, ¡Nowell acabó arrestando tanto a Alizon y Demdike como a sus vecinas!

El encuentro de Viernes Santo

La madre de Alizon, Elizabeth, organizó una fiesta en su casa, Malkin Tower, para reunir a toda la gente que quería ayudar a Alizon y a Demdike. Era Viernes Santo, un día sagrado antes de la Pascua. Pero un guardia del pueblo se enteró de la celebración y arrestó a todos los asistentes, incluida la madre de Alizon y su hermano, acusándolos de brujería.

El juicio

El juicio causó un gran impacto, ya que Roger Nowell obligó a Jennet, la hermana pequeña de Alizon, a declarar ante el tribunal contra su propia familia. Normalmente los niños no podían hacer eso, así que fue un caso excepcional. Además, como Nowell quería castigar a los católicos, en el juicio se dijo que las mujeres habían estado recitando oraciones de esa fe.

Cuando Jennet entró en la sala, su madre Elizabeth gritó horrorizada, pero Jennet no mostró emoción alguna y simplemente pidió que la sacaran de ahí. Luego, con calma, declaró ante el tribunal que su madre era una «bruja». El juicio duró dos días. De los acusados, doce fueron declarados culpables de brujería y murieron colgados.

Entre ellos estaba toda la familia de Jennet.

Las consecuencias

El juicio por brujería de Pendle pronto se convirtió en uno de los más famosos de toda Inglaterra. No sabemos cómo se sintió Jennet tras la muerte de su familia, ni por haber colaborado en ella. Pero veinte años después, le pasó algo parecido.

Ella misma fue acusada de brujería por un niño de diez años llamado Edmund Robinson. Una noche de 1633, Edmund salió de casa y no regresó hasta el anochecer. Llevaba la ropa desgarrada y tenía la cara llena de barro. Sus padres, muy preocupados, le preguntaron qué le había pasado. Edmund les contó que lo habían secuestrado unas «brujas» que podían transformarse en animales. Les aseguró que las había visto celebrando una fiesta en un granero, y que había conseguido escaparse. Según él, una de las brujas era Jennet Device.

Edmund se hizo famoso en la región contando su historia en los pueblos cercanos. Muchas personas fueron arrestadas debido a sus acusaciones. Sin embargo, al cabo de poco, Edmund admitió haber estado mintiendo. Se lo había inventado todo tras haber oído hablar sobre los juicios de Pendle de 1612.

Lo último que sabemos de Jennet Device es que en 1636 continuaba presa en la cárcel de Lancaster, seguramente porque era demasiado pobre para pagar por su libertad.

LOS JUICIOS POR BRUJERÍA DE SALEM

En 1692, la pequeña aldea de Salem, en Massachusetts, Estados Unidos, se vio sacudida por los juicios por brujería más famosos de la historia americana. Durante el año siguiente, más de 150 personas fueron acusadas de brujería y 19 de ellas murieron ejecutadas. Todo terminó en mayo de 1693, pero para muchos ya era demasiado tarde. ¿Qué causó toda aquella histeria? ¿Y quiénes fueron las «brujas» protagonistas de esta historia?

LOS PRIMEROS DENUNCIANTES

Betty Parris (9 años)

Abigail Williams (11 años)

Ann Putnam Jr. (12 años)

Elizabeth Hubbard (17 años)

LAS PRIMERAS ACUSADAS

Sarah Osborne
Una granjera

Sarah Good
Una embarazada pobre

Tituba
Una esclava de la familia Parris

En el siglo XVII, Salem, situada en la costa de Massachusetts, estaba dividida en dos zonas distintas. Salem Town se extendía alrededor del puerto y era una próspera comunidad de gente adinerada. Salem Village, en cambio, era más pobre y dependía en gran medida de la agricultura. Esta división creó tensiones entre las familias de ambos lados de la localidad.

En 1689, el reverendo Samuel Parris se convirtió en el pastor de Salem Village. Era un hombre muy religioso y empezó a predicar sobre la presencia del diablo en el mundo.

UN EXTRAÑO COMIENZO

En enero de 1692, a la hija de Samuel Parris, Betty, y a su prima Abigail empezaron a pasarles cosas extrañas: sus cuerpos se sacudían violentamente y de repente estallaban a gritos sin motivo. Un médico de la ciudad dijo que estaban hechizadas y, poco después, otras jóvenes del pueblo comenzaron a enfermar con los mismos síntomas.

Las chicas pronto acusaron a tres mujeres marginadas de haberlas hechizado: la anciana Sarah Osborne; Sarah Good, una mujer pobre; y Tituba, una mujer esclavizada por la familia Parris. Después de que la golpearan para obligarla a confesar, Tituba explicó que había hecho un pacto con el diablo y acusó a otros miembros de la comunidad de ser sus cómplices.

Los juicios

La histeria se extendió por todo Salem y más allá, y cada vez se acusaba a más personas de practicar brujería... ¡Hasta la hija de Sarah Good, de tan solo cuatro años, fue sospechosa de practicar magia oscura! En mayo de 1692, se constituyó un tribunal oficial para decidir qué pasaría con los acusados. Gran parte de las pruebas eran «espectrales»: relatos extraños sobre sueños y visiones que no podían demostrarse. Un autor llamado Cotton Mather advirtió a los jueces de que con eso no bastaría para declarar culpable a nadie, pero ellos no le hicieron caso y se tomaron muy en serio los testimonios sobre los daños «espectrales». Durante los tres meses siguientes, 19 personas fueron ahorcadas y varias más murieron en la cárcel.

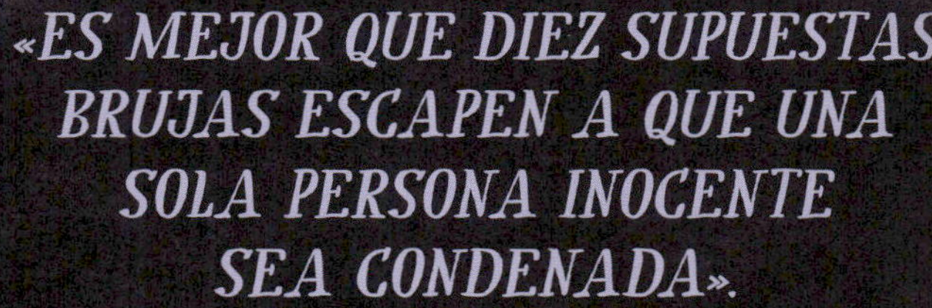

Increase Mather

Un triste final

En octubre de 1692, el padre de Cotton, Increase Mather, también criticó el uso de las «pruebas espectrales». Según él, era mejor que diez supuestas brujas escapasen a que una sola persona inocente fuera condenada. La situación empezaba a cambiar. Cuando los juicios se reanudaron a comienzos de 1693, el ambiente en Salem era mucho más tranquilo, y las personas condenadas o encarceladas fueron indultadas. Poco después, Samuel Sewall, el juez principal del caso, pidió perdón por su actuación en los juicios.

El legado de Salem

Los juicios por brujería de Salem se han estudiado a fondo y han inspirado numerosas obras de arte y literarias, como la obra de teatro *Las brujas de Salem*. Sin embargo, nadie sabe exactamente qué causó los misteriosos ataques que sufrieron las niñas de Salem.

El legado de Salem va más allá del miedo y la vergüenza, ya que también provocó cambios en el sistema penal de los Estados Unidos. Hoy en día, cualquier persona acusada de un delito tiene derecho a recibir defensa legal y es considerada inocente hasta que se demuestre lo contrario.

¿QUÉ PROVOCÓ las CAZAS DE BRUJAS?

¿Por qué se extendió una oleada de cazas de brujas a principios de la Edad Moderna en Europa, entre los siglos XV y XVIII? Esta pregunta desconcertó a los historiadores durante mucho tiempo. El tamaño de los juicios variaba según la región, y no parece haber una única causa. Lo más probable es que fuera por una mezcla de factores, como las tensiones sociales, los conflictos religiosos, la inestabilidad y los cambios en el sistema legal.

CAMBIO CLIMÁTICO

A principios de la Edad Moderna, Europa sufrió un episodio de cambio climático conocido como la Pequeña Edad de Hielo. La gran bajada de las temperaturas provocó fenómenos meteorológicos poco habituales y se perdieron muchísimas cosechas, por lo que la gente pasaba mucha hambre y miseria. Y como necesitaban culpar a alguien de su mala suerte, empezaron a acusar a las brujas de provocar tormentas y enfermar al ganado.

PROBLEMAS SOCIALES

En tiempos difíciles, las tensiones podían acumularse en los pueblos y aldeas, y las acusaciones de brujería solían surgir después de las peleas entre vecinos. A veces, también se acusaba de cometer brujería a personas pobres o sin hogar. La gente se sentía culpable por no haber mostrado suficiente caridad cristiana... y les resultaba más fácil acusar a quienes necesitaban ayuda que admitir no estar haciendo lo suficiente por ellos.

CONFLICTO RELIGIOSO

En el siglo XIV, la magia ya se consideraba una herejía. Los juicios por herejía de aquella época se parecían mucho a los juicios por brujería que se celebrarían más adelante. Después de la Reforma protestante del siglo XVI, tanto católicos como protestantes querían demostrar que su fe era la única verdadera. Cada bando creía que luchar contra las brujas y los demonios serviría como prueba de que Dios los prefería a ellos.

PROGRESO TECNOLÓGICO

La invención de la imprenta hizo que la información y las imágenes pudieran compartirse con mucha más facilidad que antes. Libros como el *Malleus Maleficarum* y numerosas ilustraciones sobre las brujas hicieron que la gente les cogiera miedo y empezara a pensar que estaban por todas partes. Durante las cazas de brujas, solían publicarse panfletos con detalles sobre los juicios y las confesiones de los acusados. Esa información se usaba luego en los juicios.

CAMBIOS LEGALES

En la antigüedad, si acusabas a alguien de un crimen y esa persona resultaba ser inocente, podían acabar castigándote a ti. Pero después del siglo XIII, eso cambió: ya no se corría ningún peligro por acusar a alguien, así que a la gente dejó de darle miedo señalar a otras personas. Además, la brujería se consideraba un «crimen secreto», por lo que no se necesitaban testigos de confianza para declarar culpable a un acusado.

¿LA CAZA DE BRUJAS FUE UNA «CAZA DE MUJERES»?

Las cazas de brujas no se centraron únicamente en las mujeres, pero ellas fueron la gran mayoría de las víctimas (más de un 70 %). Se sospechaba más de ellas por las ideas falsas sobre su forma de ser, porque algunas no encajaban en la sociedad o porque no tenían poder en un mundo dominado por los hombres. Las mujeres mayores, pobres o viudas, eran las que corrían más riesgo.

AMÉRICA DEL NORTE y LA MAGIA

América del Norte es un enorme subcontinente formado por 23 países, entre ellos Canadá y los Estados Unidos. Los primeros humanos llegaron a América del Norte hace unos 30.000 años. En los Estados Unidos, estos pueblos indígenas son los nativos americanos, mientras que en Canadá se los conoce como primeras naciones. Por su parte, en el círculo polar ártico viven los inuit. Después del siglo XV, los europeos empezaron a colonizar América del Norte, adonde llevaron sus propias ideas sobre la magia y la brujería, muy distintas de las de los pueblos indígenas.

Una persona indígena de la región de Chesapeake, en los Estados Unidos

CULTURAS INDÍGENAS

En América del Norte existen muchas culturas indígenas. Cuando llegaron los europeos, probablemente había más de 200 naciones distintas, cada una con sus propias creencias y tradiciones. La mayoría de estas naciones sentían una fuerte conexión con la naturaleza y creían que cada criatura y planta contenía su propio espíritu. Los colonizadores llamaban «personas medicina» a los líderes espirituales indígenas, aunque la mayoría no se denominaran de esta forma a sí mismos. El papel de estos hombres y mujeres era sanar y proteger a sus comunidades de los daños espirituales.

Una familia de la nación cheroqui en los Estados Unidos

COLONIZADORES Y BRUJERÍA

La palabra «brujería» llegó con los colonizadores europeos, pero antes de eso muchas culturas ya contaban historias sobre personas que usaban sus poderes sobre el mundo espiritual con fines maliciosos. Estas personas eran rechazadas y castigadas. Los europeos no entendían la diferencia entre esa magia y la de los líderes espirituales conocidos como «personas medicina», por lo que pensaron que los rituales de los pueblos nativos americanos eran en realidad magia dañina. Durante los siglos siguientes, los pueblos indígenas fueron expulsados de sus tierras y se los castigó por practicar sus tradiciones culturales.

LEYENDAS CANADIENSES

En 1534, los colonizadores franceses se establecieron en el este de Canadá y llamaron a la zona Nueva Francia. Aunque allí no hubo tantas cazas de brujas, sí se contaban muchas historias sobre misteriosas canoas voladoras. Esta idea surgió al mezclar las leyendas indígenas y un cuento popular francés en el que condenaban a un cazador a ser perseguido por los cielos para siempre por haberse saltado la misa del domingo.

EL ÚLTIMO JUICIO POR BRUJERÍA DE CANADÁ

Maggie Pollock nació en 1879 en el condado de Huron, Canadá, y trabajaba como empleada doméstica en la granja de su hermano. Desde pequeña, Maggie se dio cuenta de que era distinta: parecía tener el don de ver y oír cosas que los demás no percibían.

Sobre el año 1900, Maggie tuvo dos visiones, en las que afirmó haber visto los primeros aviones y automóviles modernos años antes de que se inventaran. También usaba sus dones para encontrar objetos perdidos, y sus vecinos iban a pedirle ayuda cuando no encontraban algo o si los habían robado. Aunque algunos la llamaban «bruja», Maggie siempre insistió en que sus poderes procedían de Dios.

En 1919, Maggie fue llevada a la cárcel del condado de Huron, acusada de «predecir el futuro». En aquel momento, eso era ilegal en Canadá, según una ley que establecía que cualquiera que «fingiera» practicar la brujería o el ocultismo sería declarado culpable de fraude. Aunque Maggie fue condenada, muchos de sus vecinos se enfurecieron por el trato que había recibido. Le llegaron cartas de todas partes, e incluso algunos policías le pidieron ayuda para buscar a desaparecidos o resolver asesinatos. Cuando murió, en 1934, era una persona muy respetada en su comunidad. Fue la última mujer canadiense acusada de brujería.

BRUJERÍA AFRICANA

África es un continente rico en diversidad, desde los vastos desiertos del norte hasta las fértiles praderas del sur. En él viven muchos pueblos distintos, cada uno con sus propias tradiciones, historias y rituales religiosos, y para muchos de ellos la magia es importante.

LOS MAKA

Los *maka* viven en las selvas del sureste de Camerún. Para los *maka*, la brujería, conocida como *djambe* o *sorcellerie*, incluye muchas cosas distintas, desde la magia dañina hasta la curación. Creen que la brujería y la familia están muy relacionadas y que cualquier persona puede tener *djambe* en su interior. El *djambe* de las brujas más poderosas puede escaparse de su cuerpo por las noches para hacer cosas malas.

LOS AZANDE

Los azande viven en Sudán del Sur, la República Democrática del Congo y la República Centroafricana. Los azande creen en el poder de la brujería y la consideran culpable de todo tipo de desgracias. Además, piensan que las brujas nacen ya siéndolo y que su poder va aumentando con la edad. Para los azande, la brujería es distinta de la hechicería: la primera funciona gracias a la fuerza de la voluntad, mientras que para la segunda hacen falta amuletos y conjuros.

LOS SANGOMA

Los sangoma son sanadores muy respetados en la cultura zulú, en el sur de África. Se cree que usan la adivinación para proteger a la gente de la brujería. Practican el *ngoma*, un ritual en el que invocan a los espíritus ancestrales para recibir orientación. Para llamar a los antepasados, suelen usar tambores, danzas y cantos. A través de los sangoma, los espíritus ofrecen consejos para protegerse y curarse.

YUYU

El yuyu es un conjunto de creencias mágicas de África occidental. Suele hacer referencia a objetos que se cargan con magia de forma intencionada. Estos objetos pueden usarse para hacer cosas buenas o malas, dependiendo de si han absorbido energías positivas o negativas. El yuyu negativo puede causar enfermedades o desgracias, mientras que los amuletos protectores de yuyu sirven para alejar el mal o para curarse.

Naguales

Los naguales o nahuales forman parte de numerosas tradiciones espirituales mesoamericanas. Se trata de personas que tienen la capacidad de transformarse en animales. Esos animales, conocidos como su *tonal*, son su equivalente espiritual. Los naguales pueden usar sus poderes para hacer cosas buenas o malas, según cómo sean en su forma humana.

¿QUÉ ES UN CAMBIANTE?

Los cambiantes son seres capaces de cambiar de forma. Desde los primeros registros históricos hasta la actualidad, muchas culturas de todo el mundo han creído en su existencia. Algunas personas creen que la brujería y la magia dañina están relacionadas con la capacidad de transformarse.

Leyak

Estos cambiantes proceden del folclore balinés. Durante el día, los *leyak* parecen humanos, pero por la noche se transforman en cabezas incorpóreas que flotan por el aire en busca de víctimas. Los gobierna una reina bruja llamada Rangda, que tiene un papel muy importante en los rituales y festivales.

CAMBIANTES Y FAMILIARES

A lo largo de la historia, algunas culturas han creído que las brujas podían transformarse en algunos animales. Otras sospechaban que las brujas formaban vínculos con «espíritus familiares» que obedecían sus órdenes. En algunas zonas del norte de Europa, se pensaba que las brujas se convertían en liebres para robarles la leche a las vacas de sus vecinos.

Louhi

Esta poderosa reina de la mitología finlandesa gobierna la tierra de Pohjola y es capaz de cambiar de forma y de lanzar poderosos hechizos. Louhi es la enemiga del héroe Väinämöinen y sus compañeros en un poema épico llamado *Kalevala*.

Sapos

El humilde sapo es un familiar muy común de las brujas, y algunas de ellas llegaron a confesar haberlos alimentado con sangre o leche a cambio de una sustancia especial de su cuerpo. Esta sustancia se usaba para preparar ungüentos y hacer rituales mágicos.

Ratones

Los ratones solían robar comida y colarse por las estancias de las casas. Su capacidad para esconderse por los espacios más estrechos y moverse con total libertad los convertía en uno de los animales favoritos para convertirse en familiares de las brujas.

Lechuzas

Al ser criaturas de la noche, las lechuzas se asocian a menudo a la brujería. Los antiguos romanos usaban la palabra *strix*, estrige, para referirse tanto a las lechuzas como a las brujas. También creían que las brujas podían transformarse en estas aves y volar en plena oscuridad para beber la sangre de sus víctimas.

¿QUÉ ES UN FAMILIAR?

En el folclore europeo, los familiares eran espíritus guía que ofrecían ayuda y protección a las brujas. Los familiares solían tomar la forma de animales pequeños, como gatos, hurones y liebres. Algunas brujas les ponían nombres curiosos, como Grizzel Greedigut, Vinegar Tom o Pyewacket.

Gatos negros

Los gatos negros son uno de los símbolos más típicos de la brujería. La gente empezó a pensar que los gatos negros estaban relacionados con el diablo, y por eso se dice que traen mala suerte. Se creía que las brujas usaban a sus gatos como familiares para espiar a la gente y hacer otras fechorías.

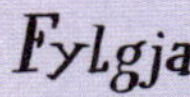

Fylgja

Las *fylgja* son seres de la mitología nórdica, consideradas espíritus guardianes que pueden tomar la forma de un animal o una mujer. Aparecen en los sueños o cuando la persona está despierta y suelen traer advertencias sobre el futuro. El tipo de animal en el que se transforman depende del carácter de la persona.

Capítulo 5

UNA NUEVA ERA

Con la llegada de la Edad Moderna, las ideas sobre las brujas siguieron evolucionando. De hecho, ¡la visión que se tiene de las brujas continúa cambiando hoy en día! Esta etapa estuvo marcada por revoluciones, guerras y grandes avances científicos y tecnológicos que transformaron nuestra forma de ver el mundo. Las brujas son un concepto que nos ha llegado desde la Antigüedad, pero que a la vez también resulta muy actual. En este último capítulo, descubrirás cómo han ido evolucionando hasta ser mucho más de lo que la historia nos ha contado... ¡y cómo podrían ser en un futuro lleno de magia!

¿Una ERA de ILUSTRACIÓN?

A finales del siglo XVII, las grandes cazas de brujas que habían asolado Europa empezaron a dejarse de lado. Con la llegada del siglo XVIII, muchas personas cambiaron de forma de pensar. En el pasado, la brujería se había visto como una amenaza real y peligrosa. En ese momento, en cambio, se la consideraba un engaño, y quienes afirmaban practicarla eran castigados por «fingir» que lo hacían. Pero ¿por qué se produjo este cambio?

La Ilustración fue un movimiento científico y filosófico que tuvo lugar entre los siglos XVII y XVIII. Animaba a las personas a usar la razón y a buscar explicaciones naturales para las cosas que no entendían, en lugar de pensar que eran hechos sobrenaturales. La Ilustración no estaba en contra de la religión, pero enseñaba que la obra de Dios podía encontrarse en el pensamiento racional y en el asombro ante la naturaleza. Siguiendo esta nueva filosofía, la gente dejó de estar tan dispuesta a creer en el poder de las brujas o en la presencia del diablo en el mundo, y quienes sí creían en ellos se tachaban de supersticiosos e ignorantes.

La era de la ciencia

Durante este período también hubo avances importantes en la ciencia y la medicina, como la fundación de la Royal Society de la ciencia en el año 1660 d. C. por parte del rey Carlos II de Inglaterra o descubrimientos científicos como la teoría de la gravedad de Isaac Newton. Estos progresos hicieron que muchas cosas que antes se atribuían a la magia —como las enfermedades o los cambios acusados en el clima— empezaran a tener explicaciones científicas. Incluso se cuenta que, en 1632, un famoso médico llamado William Harvey abrió en canal a un «familiar de una bruja» para demostrar que no era más que un simple sapo.

Un cambio en la moral y las creencias

Con el paso del tiempo, cada vez había más gente que estaba en contra de los crueles juicios por brujería. Algunas personas se cuestionaban si era correcto condenar a alguien con tan pocas pruebas o directamente sin ninguna. Otros afirmaban que la brujería no era real y que quienes confesaban practicarla tenían problemas mentales, estaban confundidos o los habían torturado para obligarlos a declarase culpables. También empezó a crecer la desconfianza hacia los cazadores de brujas, ya que se decía que actuaban solo por interés.

Las últimas cazas de brujas de Escocia

Escocia tiene una intensa y sangrienta historia relacionada con la brujería. Desde los juicios por brujería de North Berwick en 1590, cuando un grupo de «brujas» fueron acusadas de haber provocado una tormenta para ahogar al rey Jacobo VI, hasta la ejecución por brujería de Janet Horne en 1727, la última en Escocia, se juzgaron a unas 6000 personas como «brujas» y más de 1500 murieron ejecutadas.

Entre 1661 y 1662, se llevó a cabo una de las cazas de brujas más grandes de Escocia. Durante este período, se juzgaron a por lo menos 660 personas sospechosas de haber cometido actos de brujería. La caza comenzó en la costa este, cerca de Edimburgo, pero pronto se extendió por todo el país, ya que se enviaron oficiales para buscar a más «brujas». Se usaron brutales métodos de tortura para obligar a la gente a confesar, y los «pinchadores de brujas» expertos usaron afiladas agujas para buscar la «marca del diablo» en los cuerpos de los sospechosos.

Esa gran caza de brujas fue tan intensa y brutal que causó un gran impacto. Así, la gente comenzó a cuestionarse si todo aquello tenía sentido.

Cambios en las leyes

Poco a poco, los países europeos empezaron a modificar sus leyes sobre la brujería. En 1682, el rey Luis XIV de Francia emitió un comunicado en el que describía la brujería como «magia fraudulenta». En 1735, en Gran Bretaña se derogaron todas las leyes anteriores relativas a este tema y se aprobaron otras nuevas. De acuerdo con la nueva Ley de Brujería, era ilegal fingir ser una bruja o practicar cualquier tipo de magia, como la adivinación. La mentalidad, al menos entre quienes hacían las leyes, había cambiado. En lugar de pensar que la brujería era una amenaza real, empezaron a considerarla como una superstición absurda. La brujería, pues, pasó a verse como un engaño.

Pese a estos importantes cambios en Europa, en otros lugares del mundo se continuó creyendo en la brujería, creencia que sigue viva en la actualidad.

CREENCIAS MODERNAS

Aunque la mayoría de las grandes cazas de brujas desaparecieron en el siglo XVIII, mucha gente siguió creyendo en lo sobrenatural durante los siguientes trescientos años, creencia que ha pervivido hasta la actualidad. A lo largo de este período se produjeron grandes cambios en todo el mundo, desde la Revolución Industrial hasta las guerras mundiales, y también aparecieron nuevas ideas sobre la brujería.

SIGLO XVIII: MAGIA POPULAR Y ENGAÑO

Durante el siglo XVIII, movimientos científicos y filosóficos como la Ilustración hicieron que se empezara a dudar de la existencia de la brujería. Sin embargo, mucha gente en Europa —quizás la mayoría— seguía creyendo en las brujas, y el último juicio oficial por brujería conocido tuvo lugar en 1783 en Polonia. Debido a la entrada en vigor de nuevas leyes contra quienes fingían usar la magia, los llamados «sabios» fueron acusados de engaño. Aunque, aun así, la gente seguía pidiéndoles ayuda por sus conocimientos sobre las plantas y hierbas.

SIGLO XIX: OBSESIÓN POR LO OCULTO

En el siglo XIX, los avances científicos siguieron progresando, a la vez que crecía el interés por lo oculto. El movimiento espiritista animaba a la gente a intentar contactar con sus seres queridos fallecidos, y las sociedades secretas empezaron a practicar rituales mágicos. Aunque las leyes afirmaran que la brujería no era real, la creencia en la magia oscura seguía muy viva, lo que hizo que muchos inocentes fueran acusados de brujería y maltratados por ello.

SIGLO XX: LA ERA DE LA ANTROPOLOGÍA

Durante el siglo XX, muchos antropólogos (personas que estudian a los seres humanos) investigaron la magia en sociedades de todo el mundo. Aunque hasta entonces la habían visto como algo negativo, a partir de aquel momento empezaron a entenderla como un sistema lógico que ayudaba a las personas a unirse y a resolver sus problemas. También cambiaron las ideas sobre la brujería y las mujeres, y la «bruja» se convirtió en un importante símbolo para el movimiento feminista, sobre todo en el Reino Unido y los Estados Unidos. Las brujas ya no se veían como viejas feas y arrugadas, sino que empezaron a mostrarse de muchas otras formas en los libros, el cine y la televisión.

SIGLO XXI: LAS CAZAS DE BRUJAS MODERNAS

Aunque la actitud respecto a la relación entre la ciencia y la magia haya cambiado, hoy en día mucha gente sigue creyendo en las brujas. Alrededor del 40 % de la población mundial afirma creer en el poder de la brujería, aunque estas cifras varían mucho según el país. Para muchos, estas creencias están vinculadas a su religión o a prácticas espirituales y los ayudan a conectar con sus antepasados. En algunos lugares, estas creencias pueden tener consecuencias negativas, ya que cuando las cosechas son malas o la gente sufre, es bastante habitual acabar culpando a la brujería. De hecho, las cazas de brujas actuales han causado más muertes que todas las de los inicios de la Edad Moderna juntas.

OCULTISMO y ESPIRITISMO

En los siglos XVIII y XIX, cada vez menos personas en el mundo occidental creían en la brujería, aunque sí seguían muy interesadas en lo paranormal. Así, mezclaban los nuevos avances científicos con el deseo de descubrir un mundo oculto más allá del nuestro. Los grupos ocultistas, formados por miembros destacados de la sociedad, querían descubrir los secretos del universo. Además, la tristeza causada por las guerras y las epidemias de la época hizo crecer el movimiento espiritista, en el que la gente buscaba comunicarse con sus seres queridos ya fallecidos.

OCULTISMO

Este movimiento surgió en el siglo XIX en Europa y estuvo muy relacionado con un mago llamado Éliphas Lévi. Según los ocultistas, en el mundo había una faceta mágica que ni la religión ni la ciencia podían explicar. Lévi escribió muchos libros sobre magia y rituales y fue el primero en incorporar las cartas del tarot al ocultismo. Sus ideas tuvieron influencia en varias sociedades secretas y nuevas religiones.

ESPIRITISMO

A mediados del siglo XIX, la gente de Europa y América se aficionó al espiritismo. Este movimiento creía que era posible comunicarse con los espíritus de los fallecidos en el más allá. Esto se conseguía a través de un médium, es decir, de alguien que creía poder hablar con los muertos y hacer llegar sus mensajes a los vivos. Los clientes pagaban por asistir a unas reuniones conocidas como sesiones espiritistas con la esperanza de volver a escuchar a sus seres queridos. Para muchos, era reconfortante pensar que los espíritus estaban ahí y los cuidaban desde el más allá. Muchas médiums eran mujeres, y este trabajo les daba la oportunidad de ganar fama y dinero. Sin embargo, quienes no aprobaban el espiritismo lo comparaban con la brujería o sospechaban que los médiums mentían.

SESIONES ESPIRITISTAS

Las reuniones en las que la gente le pagaba a un médium para que intentara contactar con los muertos se llamaban *sesiones espiritistas*. No podemos saber con certeza si alguno de ellos tenía poderes de verdad, pero sí se sabe que usaban muchos trucos. En estas sesiones se oían misteriosos golpes en las mesas, había muebles que se movían solos y hasta hacía acto de presencia el ectoplasma (una especie de gelatina fantasmal). Los médiums también solían simular que entraban en trance y hablaban con la voz del espíritu invocado. Pero todos esos ruidos y movimientos podían hacerse con hilos y poleas muy bien montados, ¡y el supuesto ectoplasma no era más que trapos o papel masticado!

HADAS FALSAS Y FANTASMAS TERRORÍFICOS

Uno de los inventos más increíbles del siglo XIX fue la fotografía. La gente enseguida empezó a usar las cámaras para intentar capturar imágenes de lo paranormal. Usando trucos como la superposición de imágenes, era posible crear apariciones fantasmales falsas. En 1917, dos niños fueron fotografiados jugando con «hadas» en su jardín. Cuando se descubrió que la foto era un engaño, ¡la gente se enfadó muchísimo!

TABLEROS DE GÜIJA

Los tableros de güija se hicieron populares en los Estados Unidos en el siglo XIX. Permiten practicar la «escritura espiritual», algo similar a lo que ya se hacía la antigua China con el nombre de *fuji*. En 1891 salió a la venta la primera güija tal y como la conocemos hoy, con un anillo de letras y números y un puntero que los espíritus supuestamente podían mover para formar palabras. Algunas personas creían que la güija les permitiría contactar con sus seres queridos fallecidos. Para otras, simplemente era un juego curioso. Con el tiempo, su fama se volvió mucho más inquietante, sobre todo debido a la película de terror *El exorcista*, en la que una güija sirve para invocar a un demonio.

HOMBRES
QUE PRACTICAN LA MAGIA

A lo largo de la historia, la brujería se ha relacionado sobre todo con las mujeres. Pero ¿qué pasa con los hombres que practican la magia? Desde druidas hasta adivinos, ellos también han tenido mucho que ver con lo misterioso y lo sobrenatural. A diferencia de las brujas, estos hombres solían ser respetados en sus comunidades y admirados por su sabiduría, ya que, en muchas culturas, tenían más oportunidades. Las mujeres hacían las mismas tareas que ellos, pero se solía decir que sus poderes les venían de nacimiento, mientras que a ellos se los valoraba por adquirirlos con estudios.

Druidas

Estos antiguos sacerdotes no dejaron ningún texto escrito, así que todo lo que sabemos sobre ellos procede de las descripciones romanas. Por ese motivo, la gente los ha ido imaginando, reinterpretando y reinventando de mil formas a lo largo del tiempo. Aun así, parece que los druidas fueron figuras destacadas en sus sociedades. Se interesaban mucho por el poder de la naturaleza, ayudaban a conectar a su comunidad con los dioses y también ejercían como maestros y jueces. Se cree que tanto el roble como el muérdago eran plantas sagradas para ellos.

Magos

También conocidos como hechiceros, brujos o nigromantes, los magos son hombres capaces de usar poderes mágicos. Aparecen en leyendas y mitos de todo el mundo, aunque a veces eran personas reales. Uno de ellos fue John Dee, un matemático y astrólogo inglés que llegó a aconsejar con su magia a la reina Isabel I. Los magos son personajes muy habituales en los libros de fantasía, el cine y los juegos de rol. Pueden lanzar hechizos, preparar pócimas o predecir el futuro. Muchas veces se los representa como sabios ancianos que ayudan o se enfrentan al protagonista de una historia.

Adivinos y astrólogos

Las personas con el don de predecir el futuro son los adivinos. En la antigua Roma, eran un tipo de sacerdotes. Una historia cuenta que uno de ellos le dijo a Julio César: «¡Cuídate de los idus (el día 15) de marzo!». César no le hizo caso... y ese mismo día fue asesinado. Los astrólogos son un tipo de adivino que observa los movimientos de las estrellas y los planetas para intentar predecir lo que pasará en el futuro.

Zahoríes

Los zahoríes son personas que, supuestamente, tienen la capacidad mágica de encontrar lo escondido, sobre todo agua subterránea u otras cosas bajo tierra. Para detectar algo, suelen usar una varilla o una ramita y caminar despacio por la zona. Cuando pasan justo por encima del lugar donde está lo que buscan, la varilla se mueve o se inclina en sus manos. Esta práctica ya se empleaba en tiempos de los babilonios y los egipcios, que usaban cañas partidas para encontrar agua. Más adelante, la Iglesia católica desconfió de estas prácticas y las acabó prohibiendo.

Nigromantes

Estas personas dotadas de poderes mágicos podían invocar a los espíritus de los muertos y estuvieron presentes por todo el mundo antiguo, desde Roma hasta China. En la Edad Media, la Iglesia cristiana desconfiaba de la nigromancia y la consideraba magia dañina, ya que creía que los espíritus invocados eran demonios. En esa época, los nigromantes ejecutaban complejos rituales con círculos mágicos, conjuros y sacrificios.

LA BRUJERÍA EN AMÉRICA LATINA

La brujería latinoamericana es una mezcla de prácticas religiosas y mágicas influenciadas por las tradiciones indígenas, los rituales africanos y las creencias católicas. Incluye el uso de la herbología, oraciones, hechizos, maleficios, rituales de limpieza, amuletos y adivinación.

HISTORIA DE LA BRUJERÍA EN AMÉRICA LATINA

Los pueblos indígenas de América tenían importantes tradiciones espirituales, además de grandes conocimientos sobre las plantas nativas y la medicina. En el siglo XVI, la llegada de los españoles puso en contacto distintas culturas. De esta forma, los rituales y las creencias de los conquistadores católicos españoles, los africanos esclavizados del Caribe y las poblaciones indígenas americanas se mezclaron para dar origen a la brujería latinoamericana. Los españoles católicos querían que tanto esclavos como indígenas se convirtieran al cristianismo. Las creencias distintas a las suyas les daban miedo, por lo que sus practicantes fueron acusados de brujería por la Inquisición mexicana. Pero incluso así, la brujería latinoamericana logró sobrevivir y se sigue practicando.

LA BRUJERÍA LATINOAMERICANA INCLUYE MUCHAS CREENCIAS, RITUALES Y TRADICIONES DIFERENTES.

SANTERÍA

La santería es una religión afrocaribeña que también se conoce como regla de Ocha. Está influenciada por la cultura yoruba de África occidental y por el catolicismo. Entre los siglos XVI y XIX, el comercio de esclavos hizo que muchas personas africanas fueran trasladadas a América, donde fueron forzadas a convertirse al catolicismo. Muchas resistieron disfrazando la adoración a sus propios dioses como si fuera devoción a los santos católicos, y así nació la santería. Los poderosos la consideraban brujería e intentaron acabar con ella, pero no lo lograron y ha sobrevivido hasta hoy en día.

La brujería latinoamericana ha vuelto a ganar popularidad, especialmente entre los jóvenes. Para muchas personas, es una forma de conectar con sus raíces y de ver el universo desde una perspectiva espiritual. Quienes han sufrido injusticias pueden usar la brujería como forma para sanar sus heridas. Algunas personas que la practican se identifican con la palabra «bruja», aunque otras prefieren no usarla porque durante la historia se ha asociado a cosas negativas. Lo importante es recordar que la brujería tiene un significado distinto para cada persona que la practica.

ORISHAS

Los orishas son las deidades (dioses o espíritus) de la santería, que también reconoce a un dios creador principal, llamado Olodumare. Existen cientos de orishas distintos, y quienes practican la santería creen que cada persona tiene un vínculo especial con uno de ellos. Algunas de las orishas más conocidas son Yemayá, madre de los océanos y lagos; Oyá, reina de las tormentas y la lluvia, y Oshun, orisha del agua dulce, la feminidad y el amor. Oshun es muy querida por sus devotos, quienes hacen ofrendas con frutas amarillas, girasoles y miel en su honor.

LA WICCA

La *wicca*, también conocida como «La artesanía», es una religión pagana moderna muy conectada con la naturaleza. Muchas personas que la practican se identifican como brujas, celebran los cambios de estación o rinden culto a un dios astado y a una Triple Diosa, que representan distintos aspectos del mundo natural. Además, también hay gente que venera a otras deidades. Existen cientos de formas distintas de *wicca*, y algunas las practica una única persona. A pesar de la mala fama que ha tenido, la *wicca* se basa en la práctica de una magia positiva.

SIMBOLOGÍA, CREENCIAS Y RITUALES

Las personas que practican la *wicca* son los *wiccanos*. Creen en el poder de la naturaleza, y eso se refleja en muchos de sus símbolos, rituales y tradiciones. El pentáculo, una estrella de cinco puntas, representa los cinco elementos: tierra, aire, fuego, agua y espíritu. Sus rituales suelen celebrarse al aire libre, en contacto con la naturaleza, y pueden incluir música, bailes, oraciones y meditación. Los *wiccanos* no creen en las maldiciones ni en la magia dañina. Su lema es: «Mientras no dañes a nadie, haz lo que quieras». Eso significa que cada persona puede vivir como prefiera, siempre que no perjudique a nada ni a nadie. La *wicca* no tiene reglas fijas.

Aunque durante un tiempo se dijo que la *wicca* era una religión muy antigua, en realidad es bastante moderna. Nació en el Reino Unido a partir de 1920, cuando mucha gente empezó a interesarse por los rituales antiguos y las tradiciones de sus antepasados. Su creador, Gerald Brousseau Gardner, la dio a conocer durante la década de 1950, junto con un libro de hechizos y enseñanzas mágicas que él mismo escribió: el *Libro de las sombras*. Durante las décadas siguientes, la *wicca* fue creciendo cada vez más. En la década de 1970, se unió a movimientos como el feminismo y la defensa del medio ambiente. Hoy en día se practica de muchas formas distintas, cada una de ellas con sus propios rituales y creencias.

LA WICCA ESTÁ MUY RELACIONADA CON EL FEMINISMO Y CON EL MEDIO AMBIENTE.

LA VIDA DESPUÉS DE LA MUERTE

Los *wiccanos* creen en la reencarnación, es decir, en que el alma vuelve a nacer en otro cuerpo después de la muerte. Esta idea también es muy importante en religiones como el hinduismo, el budismo, el sijismo y el jainismo. Según la *wicca*, cuando alguien muere, su alma viaja a un lugar llamado Summerland. Algunas personas lo imaginan como una tierra de verano eterno, sin dolor ni sufrimiento. Allí descansa el alma hasta que está lista para empezar una nueva vida.

CELEBRACIONES

El calendario *wiccano* se conoce como la rueda del año. Sus celebraciones marcan momentos importantes del viaje de la Tierra alrededor del Sol. Estas fiestas, conocidas como *sabbat*, pueden incluir banquetes, rituales de limpieza, agradecimientos o recuerdos de los antepasados.

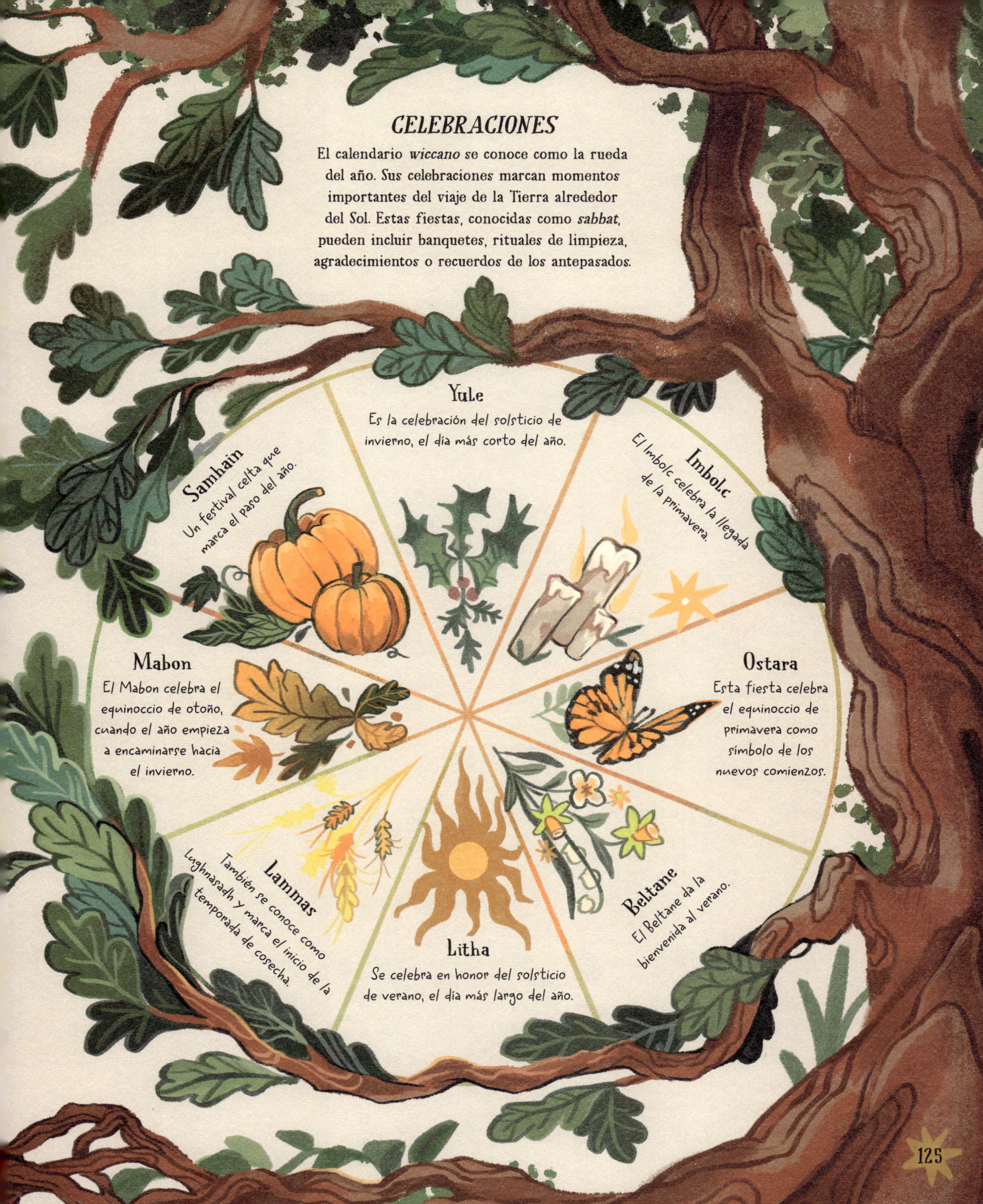

EL TAROT

La cartomancia es una forma de adivinación que usa una baraja de cartas especial. La más habitual es la del tarot, en el que cada carta tiene un símbolo y un significado distinto. El lector de tarot mezcla las cartas, le pide a la persona que elija unas cuantas y luego las coloca en una tirada. Las cartas elegidas ayudan a responder a una pregunta, y el significado de cada carta dependerá de si está boca arriba o boca abajo («invertida»).

El loco

El loco, un joven despreocupado, es un símbolo de la inocencia y representa los nuevos comienzos. Cuando la carta está invertida, puede indicar imprudencia y tendencia a asumir riesgos.

El sol

El sol es una carta alegre que representa el éxito, la satisfacción y la positividad. Cuando está invertida, puede indicar expectativas poco realistas o negatividad.

El mago

El mago es una carta que representa la creatividad y la conexión entre los mundos natural y sobrenatural. Cuando está invertida, puede indicar la existencia de algún engaño.

La muerte

Aunque pueda dar miedo, la carta de la muerte puede ser muy positiva. Representa el cambio, la transformación y el avance. Cuando está invertida, indica resistencia al cambio.

LOS ORÍGENES DEL TAROT

Las primeras referencias al tarot proceden de Italia en el siglo XV, cuando era un juego de cartas usado como entretenimiento. En el siglo XVIII, el ocultismo (es decir, el estudio de lo paranormal) se volvió muy popular en Francia. Los ocultistas franceses estaban convencidos de que las cartas del tarot tenían vínculos mágicos con el antiguo Egipto. Pronto se empezaron a fabricar barajas especiales de tarot para fines ocultistas, y se usan desde entonces para la adivinación.

La torre

La torre es una carta del cambio que hace referencia a un suceso repentino y dramático, tanto bueno como malo. Cuando está invertida, puede indicar el deseo de evitar el cambio o un desastre.

La justicia

La carta de la justicia, símbolo de la equidad, representa la verdad y la honestidad. Cuando está invertida, puede indicar lo contrario: deshonestidad, injusticia y falta de equidad.

La sacerdotisa

La sacerdotisa es una carta misteriosa que representa el conocimiento sagrado y la escucha de la voz interior. Cuando está invertida, puede indicar desequilibrio y falta de comprensión de los propios sentimientos.

PATRONES DE TIRADA

Los lectores de tarot usan distintos patrones, llamados tiradas, para responder a las preguntas.

La tirada de tres cartas es la más sencilla y suele representar el pasado, el presente y el futuro.

La tirada de la herradura utiliza siete cartas. Analiza los obstáculos y las influencias, además de ofrecer respuestas concretas a las preguntas formuladas.

La tirada del pentagrama tiene cinco puntas que representan los distintos elementos.

La MAGIA de LOS CRISTALES

Aunque los cristales no tienen un vínculo directo con la brujería, culturas de todo el mundo han creído durante mucho tiempo en sus poderes mágicos. Los antiguos sumerios, que usaban piedras como el lapislázuli en su medicina, fueron los primeros en escribir sobre el poder de los cristales. En la década de 1980, los cristales volvieron a ponerse de moda, y hoy en día muchas personas siguen creyendo en sus capacidades para sanar y proteger.

Jade

Pureza e inmortalidad

Desde tiempos antiguos, el jade ha sido muy importante en la cultura china. Durante las primeras dinastías, solo lo usaban los nobles, a quienes se solía enterrar junto con esta piedra preciosa. El jade era conocido como la «esencia del cielo y la Tierra» y estaba relacionado con la pureza, la virtud y la inmortalidad. Hoy en día, los objetos de jade siguen teniendo un papel clave en la cultura china.

Obsidiana

Adivinación

La obsidiana es un oscuro cristal volcánico que se forma cuando la lava se enfría y se solidifica antes de que lleguen a formarse cristales en su interior. Este cristal tiene los bordes más afilados de toda la naturaleza y fue muy importante para numerosas culturas mesoamericanas, sobre todo para los aztecas. Se creía que el dios creador Tezcatlipoca usaba un espejo de obsidiana para adivinar el futuro. El mago inglés John Dee tenía un espejo de obsidiana que usaba para ver profecías o visiones.

Hematites

Invencibilidad

La hematites es una piedra preciosa común que se encuentra en rocas y suelos. En la antigua Babilonia, los guerreros solían llevarla porque pensaban que les otorgaría una fuerza sobrehumana. Los antiguos griegos se pintaban el cuerpo con hematites triturada antes de entrar en combate.

Crisólito

Protección

El crisólito, también conocido como peridoto, es una gema verde y dorada que los antiguos egipcios llamaban «piedra del Sol». ¡Para ellos el peridoto era tan valioso que hasta mantenían en secreto la isla de donde lo obtenían! Se creía que los amuletos de peridoto protegían contra las pesadillas nocturnas.

Cuarzo rosa

Amor

Esta piedra rosa es un tipo de cuarzo presente en la mayoría de los continentes. Conocido como la «piedra del amor», está relacionado con el romance. En las antiguas escrituras hindúes, se creía que el cuarzo rosa ayudaba a abrir y equilibrar el chakra del corazón, un centro de energía del cuerpo humano.

La BRUJA en LOS MEDIOS MODERNOS

La gente siempre ha sentido fascinación por las brujas, por lo que no debe extrañarnos que hace tanto tiempo se hable de ellas, desde las epopeyas antiguas y los cuentos de hadas hasta las pinturas y las obras de teatro. Las distintas formas de representar a las brujas (como hechiceras bondadosas, viejas malvadas o estudiantes inteligentes) nos dice mucho de cómo cada sociedad concibe la magia y a las mujeres.

LIBROS Y OBRAS DE TEATRO

En la Europa de los siglos XV a XVIII, las brujas de los libros solían ser poderosas hechiceras oscuras, como las tres brujas del *Macbeth* de Shakespeare, que preparan pócimas y manipulan el futuro. En el siglo XIX, las brujas de los cuentos de Hans Christian Andersen y los Hermanos Grimm eran exageradas, atacaban a los inocentes y al final acababan recibiendo un castigo. A partir del siglo XX, las brujas empezaron a tener imágenes más variadas, como la Bruja Buena del Norte, que ayuda a Dorothy en *El maravilloso mago de Oz* de L. Frank Baum. En otras historias, quienes hacían brujería eran niños valientes, auténticos modelos de conducta para los jóvenes lectores.

ARTE

En la Europa de los siglos XV a XVIII, artistas como Albrecht ürer y Lucas Cranach representaron a las brujas como mujeres viejas, feas y aterradoras que viajaban montadas en cabras, elaboraban pócimas y asistían a los aquelarres. Todas estas imágenes alimentaban el miedo hacia las brujas.

:l arte moderno suele mostrar a las brujas de una forma muy .stinta. *El círculo mágico*, pintado por John William Waterhouse n 1886, muestra a una bruja femenina y orgullosa de sí misma. 'tistas como Virginia Lupu y Frances F. Denny han fotografiado a mujeres que se identifican como brujas. A diferencia de la mayoría de las representaciones históricas, en ellas estas mujeres aparecen tal y como quieren que se las vea, y sus imágenes transmiten una gran fuerza.

El círculo mágico de John William Waterhouse

Nicky, la aprendiz de bruja

CINE, TV Y TEATRO

La invención del cine y la televisión llevó a las brujas a la gran pantalla. Algunas de las primeras películas en las que aparecieron fueron las versiones de varios cuentos de hadas de Disney, como *Blancanieves*, *La Bella Durmiente* o *La Sirenita*, en las que las brujas eran retratadas como mujeres malvadas y celosas. Con el tiempo, evolucionaron hasta convertirse en personajes bondadosos o divertidos en películas como *Nicky, la aprendiz de bruja* o *El retorno de las brujas*. Las adaptaciones modernas de cuentos clásicos, como *Maléfica* y *Wicked*, han ido todavía más allá, al explicar el pasado de estas brujas «malvadas» para entender mejor su historia y ofrecer una perspectiva feminista de sus vidas.

LAS BRUJAS CONTRAATACAN

A lo largo de la historia, muchas personas han sido maltratadas por usar la magia, tanto si era real como imaginaria. Muchas de ellas fueron víctimas inocentes, cuyo único «crimen» consistió en no encajar en la sociedad. Hoy en día, para algunas personas, la magia y la brujería se han convertido en una forma de resistencia. Así, desde feministas hasta activistas por el clima, la figura de la «bruja» se ha ido transformando en un importante símbolo del cambio.

BRUJERÍA Y FEMINISMO

La historia de la brujería y la magia tiene fuertes vínculos con los movimientos feministas modernos. Algunas feministas de la década de 1970 consideraron los juicios por brujería tan habituales en Europa entre los siglos XV y XVIII como crueles ataques contra las sanadoras tradicionales o las comadronas, entre otras mujeres sabias. Aunque la realidad es más compleja, muchas feministas han seguido identificándose con las brujas, a las que ven como un símbolo de la fortaleza femenina. Desde Sabrina hasta Circe, la «bruja» se ha convertido en un icono feminista moderno: una figura poderosa que no teme alzar la voz.

RESISTENCIA POLÍTICA

La brujería también ha logrado abrirse camino en la política moderna. Brujas practicantes han hecho oír su voz para reclamar cambios, ya sea participando en protestas o lanzando hechizos contra figuras políticas para intentar frenar determinadas acciones. A veces, grupos de brujas se reúnen para lanzar conjuros con el objetivo de ayudar a personas necesitadas, como las víctimas de las guerras o de los desastres naturales. La brujería actual no suele centrarse en las maldiciones, sino en la bondad y la energía positiva.

ACTIVISMO CLIMÁTICO
A medida que aumenta la amenaza del cambio climático, la brujería moderna se va relacionando cada vez más con el ecoactivismo (la defensa de la naturaleza). Quienes practican la brujería verde creen que cuidar de la Tierra es algo fundamental para todos nosotros. Este tipo de brujería apuesta por distintas formas de ecoactivismo, desde animar a otras personas a reciclar hasta asistir a manifestaciones de protesta contra los combustibles fósiles.
REIVINDICACIONES HISTÓRICAS
Durante el período colonial, los europeos tenían numerosos prejuicios sobre las tradiciones de los pueblos indígenas y castigaron a muchas personas acusándolas de cometer brujería. Para los descendientes de esas víctimas, recuperar sus tradiciones mágicas y espirituales es algo muy importante. Un ejemplo de ello son los practicantes de la brujería latinoamericana, una mezcla de saberes indígenas, creencias católicas y espiritualidades de origen africano.
BRUJERÍA INCLUSIVA
Para muchas personas, la brujería moderna ofrece un espacio seguro para descubrir quiénes son y qué quieren en la vida. Algunas se identifican como brujas como una forma de aceptar su poder personal en un mundo que las trata con injusticia. Las prácticas relacionadas con la brujería moderna —como la meditación, el autocuidado y el trabajo en comunidades locales— también pueden tener un impacto positivo tanto en las personas como en su entorno.

LA BRUJERÍA VERDE

La brujería verde o «ecobrujería» es una forma moderna de brujería que reinventa algunas de las técnicas antiguas de los sanadores y sabios populares para crear algo nuevo. Así, la magia se combina con un profundo respeto por la naturaleza y puede usarse para favorecer el bienestar personal, para promover el activismo climático y para fomentar la armonía entre los seres humanos y la naturaleza. La brujería verde tiene algunas similitudes con la *wicca*, pero las brujas verdes siguen sus propias tradiciones y creencias.

LOS ELEMENTOS

Se cree que cada uno de los cuatro elementos naturales —tierra, aire, agua y fuego— posee cualidades especiales. Algunas brujas verdes aprovechan las energías de estos para conectar con la naturaleza durante sus rituales o hechizos. Para ello, pueden recolectar objetos como conchas, hojas y piedras preciosas, o bien crear altares dedicados a los elementos.

ALIADOS NATURALES

Las brujas verdes creen en la colaboración con la naturaleza: desde vivir en armonía con las estaciones y celebrar los ciclos naturales del año hasta observar la fauna local y estudiar las plantas y los árboles para averiguar más cosas sobre ellos. El sol y la luna también son muy importantes: el sol representa la vida y el crecimiento, mientras que la luna es un símbolo de cambio y misterio. Las ecobrujas pueden ejecutar distintos rituales en cada una de las ocho fases lunares.

SOSTENIBILIDAD

La brujería verde se centra en respetar y cuidar el mundo natural. Por eso, las prácticas sostenibles y ecológicas son muy importantes para este movimiento. Las ecobrujas creen que, si ofrecen sanación y amor a la Tierra, ella se los devolverá con creces. Así, pueden enfocar sus rituales o sus energías en el activismo climático para apoyar protestas contra la deforestación o el uso de combustibles fósiles, y también unirse a grupos de acción medioambiental.

CONEXIÓN CON LA TIERRA

Algunas brujas verdes utilizan la espiritualidad, la atención plena y la meditación para fortalecer su conexión con la Tierra y mejorar su salud mental. Una forma de hacerlo es la «conexión a tierra», que consiste en establecer un contacto físico deliberado con el planeta, ya sea pisando el césped sin zapatos o tocando la corteza de un árbol con las manos para intentar absorber su energía y alcanzar una sensación de paz y bienestar. Otros rituales consisten en llevar un diario, dedicarse a la jardinería o caminar en plena naturaleza.

COMUNIDAD

Las brujas verdes creen en la necesidad de generar armonía entre ellas, el resto de las personas y el planeta. Devolverle a la Tierra y a su comunidad lo que les han dado es una forma de restaurar el equilibrio. Esto puede lograrse participando en voluntariados con grupos locales o creando espacios seguros para las plantas y los animales de la zona. Este modo de vida lento y consciente es la base de la ecobrujería.

El FUTURO de LAS BRUJAS

La brujería se sigue viendo con miedo o superstición en algunas culturas, mientras que en otras está relacionada con la expresión personal y se ha convertido en una forma de espiritualidad. Para algunas personas, ofrece una conexión con la naturaleza y la Tierra, mientras que, para otras, también puede usarse como una forma de respetar y recordar su historia. Pero ¿cómo serán la magia y la brujería en el futuro?

CAMBIO DE MENTALIDAD

En muchas culturas modernas, las brujas se han ido ganando un lugar en el corazón de la gente gracias a las historias fantásticas. Las actitudes hacia las mujeres y las distintas religiones han ido mejorando poco a poco, a medida que las personas han recibido mejor educación y se han mostrado más abiertas a aceptar formas de pensar distintas a las suyas. Sin embargo, aún hay lugares donde la magia o las mujeres mágicas se consideran una amenaza.

HALLAZGOS HISTÓRICOS

Gracias a los historiadores y arqueólogos, cada vez aprendemos más cosas sobre la historia de la brujería. Sus investigaciones han descubierto artefactos y documentos antiguos que nos ayudan a comprender las tradiciones y creencias de otras culturas. Conocer mejor la historia de la brujería nos permite imaginar su futuro y revivir algunas de sus tradiciones.

MAGIA Y CIENCIA

Los avances científicos nos permiten explicar cosas que en el pasado se atribuían a la brujería. Sin embargo, algunas formas modernas de magia se han adaptado para coexistir con estos increíbles avances. Algunas personas, por ejemplo, practican la ecobrujería para apoyar la lucha contra el cambio climático. Además, algunas plantas usadas en los antiguos hechizos curativos se emplean a veces en la medicina moderna, y los científicos trabajan para encontrar nuevas curas para numerosas enfermedades en la naturaleza.

MAGIA POR DOQUIER

Si miras a tu alrededor, encontrarás magia por todas partes. Aceptarla puede ayudarte a aprovechar al máximo tu vida diaria, desde disfrutar de la belleza de la naturaleza hasta valorar la compañía de tus amistades. Si todos dedicamos tiempo a respetar las creencias y tradiciones de los demás y a recordar el pasado, podremos apreciar mejor el presente y construir un futuro mejor para todos.

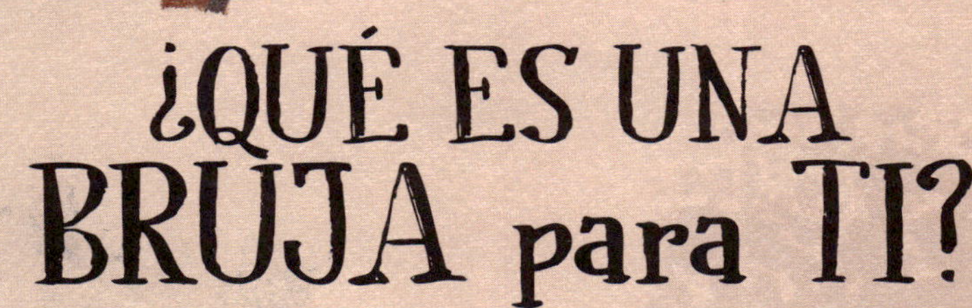

¿QUÉ ES UNA BRUJA para TI?

La historia de la brujería nos ha llevado a hacer un viaje por todo el mundo, desde la Antigüedad hasta nuestros días. En este recorrido, la «bruja» ha pasado de ser una diosa temida y una enemiga formidable a convertirse en una vecina valorada y en un símbolo feminista. ¿Han cambiado también tus ideas sobre la brujería?

¿DE DÓNDE VIENEN LAS BRUJAS?

Como has visto, las brujas no proceden de un solo lugar ni de una única época en la historia, sino que han sido importantes en numerosas culturas y se encuentran por todo el mundo. Las primeras referencias a las brujas son de hace más de cinco mil años y proceden de Mesopotamia. Desde la antigua China hasta la mitología griega, pasando por la civilización maya y la Corea moderna, las brujas aparecen bajo distintas formas en todos los rincones del mundo y nunca dejan de fascinarnos.

PERO ¿LAS BRUJAS EXISTEN?

Ha habido muchos momentos de la historia en los que la mayoría de la gente ha creído que las brujas eran reales. Desde la prehistoria hasta hoy, la amenaza de la magia oscura fue algo que muchas sociedades se tomaron muy en serio. Ahora, aunque menos gente cree en la hechicería y las brujas son mucho más habituales en los libros y el cine que en los tribunales, muchas personas y culturas las siguen considerando reales. Hay gente que les tiene miedo al considerarlas seres malvados, mientras que a otras personas les encanta practicar la magia.

Creer o no en las brujas seguramente dependerá de si piensas o no que la magia existe. Sea cual sea tu opinión, ¡siempre es buena idea mantener la mente abierta y tratar de comprender las creencias de los demás!

¿LAS BRUJAS SON PODEROSAS?

En los mitos y las leyendas de todo el mundo, las brujas son capaces de cambiar de forma, preparar pócimas mortales, controlar el clima y muchas cosas más. Incluso se creía que podían invocar demonios para que las sirvieran. Por eso, también se pensaba que las brujas eran débiles, porque cedían a la tentación y aceptaban obedecer al diablo. La gente buscaba formas de mantenerlas alejadas, por ejemplo, usando amuletos protectores, hechizos o conjuros, y los sanadores curaban las enfermedades causadas por su magia oscura.

¿QUÉ ES LA MAGIA?

La magia se suele definir como un poder sobrenatural, aunque, como hemos visto, adopta muchas formas. Puede consistir en rezar y llevar a cabo rituales, pero también en apreciar la naturaleza. Puede incluir hechizos e invocaciones, o limitarse a algo tan simple como la meditación y la sanación. La magia puede unir a las comunidades y conectarlas con sus ancestros, o también ser una fuente de fortaleza para quienes no encajan en la sociedad. ¡Cada persona vive la magia a su manera!

¿LAS BRUJAS SON SIEMPRE MUJERES?

En el pasado, las creencias sobre la forma de ser de las mujeres hicieron que las acusadas de brujería fueran sobre todo mujeres, y la palabra «bruja» ha solido usarse para hacer referencia a una mujer que practica magia. Hoy en día, muchas personas han recuperado la palabra «bruja» y la usan para simbolizar el poder femenino, la fortaleza y la defensa de los derechos. Sin embargo, a lo largo de la historia —y también hoy en día—, las mujeres no han sido las únicas practicantes de brujería, sino que también la han practicado los hombres y las personas no binarias.

ENTONCES... ¿QUÉ ES UNA BRUJA?

No hay una única forma de definir qué es una «bruja». Desde Juana de Arco hasta Circe, pasando por la emperatriz Chen Jiao o Baba Yaga, la brujería es tan compleja y diversa como las propias personas. Las brujas pueden ser fuertes o débiles, jóvenes o viejas, buenas o malas. Pueden ser personas orgullosas de su poder o víctimas de acusaciones falsas. Pueden ser reales o ficticias y pertenecer a cualquier lugar y época de la historia. ¡Las brujas pueden ser de mil formas distintas!

¿Qué es para ti una bruja?

GLOSARIO

ADIVINACIÓN
Arte de ver el futuro.

ALUCINACIÓN
Hecho de ver u oír algo que no está ahí.

AMULETO
Colgante mágico usado para protegerse de males.

ASTROLOGÍA
Forma de predecir sucesos según la posición de las estrellas, los planetas, el sol y la luna.

AZTECA
Civilización que habitó el centro y sur del México actual entre el siglo XV y principios del XVI.

BALINESES
Pueblo originario de la isla de Bali, en Indonesia.

CAMBIO CLIMÁTICO
Cambio en la temperatura y el clima de la Tierra que puede ser natural o causado por la actividad humana.

CARRO
Vehículo de dos ruedas tirado por caballos.

CELTAS
Grupo de pueblos antiguos que vivieron en Europa desde el segundo milenio a. C.

CONDENADO
Sentenciado a un castigo.

CONQUISTADOR
Soldado español o portugués que conquistó un nuevo territorio.

CHAMÁN
Persona que tiene poderes sobrenaturales y puede comunicarse con los espíritus.

DEIDAD
Ser sobrenatural sagrado, como un dios o una diosa.

DESPOSORIO
Compromiso formal para casarse.

DINASTÍA
Serie de gobernantes que pertenecen a una misma familia.

DOMÉSTICO
Relacionado con el hogar.

ENCANTAMIENTO
Palabras que se usan como hechizo mágico.

EQUINOCCIO
Uno de los dos momentos del año en los que el Sol está exactamente sobre el ecuador y el día y la noche tienen la misma duración.

ESCLAVIZADO
Obligado a trabajar sin que le paguen por ello.

ESLAVO
Dicho del conjunto de lenguas de las regiones de Europa central, sudoriental y oriental, lo cual incluye Polonia, Croacia, Ucrania y Rusia.

ESPIRITUAL
Relacionado con sentimientos o creencias profundas, la religión, lo sobrenatural o el espíritu o alma humana.

EXILIAR
Expulsar a alguien de su hogar o su país.

EXORCISMO
Proceso llevado a cabo para ahuyentar a un espíritu maligno.

FEMINISTA
Persona que cree que los hombres y las mujeres son iguales.

FOLCLORE
Creencias, relatos y costumbres compartidos por una cultura o grupo de personas en particular.

HECHICERA
Mujer que puede hacer magia.

HERBOLOGÍA
Estudio del uso de las plantas en medicina.

HEREDERO
Persona con derecho a heredar bienes de otra cuando fallece, como un hijo o un nieto.

HEREJÍA
Hecho de rechazar o no estar de acuerdo con una creencia o religión popular.

INCORPÓREO
Separado del cuerpo.

INDÍGENA
Que forma parte del pueblo que habitaba en origen en una región o un país.

INFRAMUNDO
Lugar al que, según algunas religiones y creencias, van las personas después de morir.

INQUISIDOR
Persona que investigaba a personas o acciones que iban en contra del catolicismo.

LATINOAMERICANO
Habitante de América Latina.

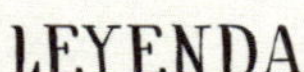

LEYENDA
Relato del pasado que a veces es histórico y otras veces es ficticio.

MAGISTRADO
Persona que actúa como juez en un tribunal.

MAYA
Civilización que habitó, desde épocas antiguas, el territorio que hoy corresponde a América Central y México.

MESOAMÉRICA
Región histórica y cultural que se extiende desde el centro de México hasta Costa Rica.

MITO
Relato tradicional que a menudo explica los orígenes de un pueblo o de un acontecimiento, y que a veces no pasó de verdad.

NIGROMANTE
Persona que asegura poder comunicarse con los muertos.

NINFA
Mujer o niña mágica vinculada a elementos de la naturaleza como el agua, los árboles o las montañas.

NOBLE
De alta cuna o rango.

OCULTISMO
Creencia en determinados poderes sobrenaturales.

PAGANO
Persona que practica el paganismo, una religión con varios dioses inspirada en creencias y rituales antiguos.

PAPA
Líder de la Iglesia católica.

PAPIRO
Planta parecida a la hierba que se prensa para fabricar papel.

PARTERÍA
Oficio que consiste en ayudar a las mujeres durante el parto.

PASTOR
Líder religioso, normalmente de la Iglesia cristiana.

PESTE NEGRA
Epidemia que se extendió por Europa entre 1347y 1351.

PIRA FUNERARIA
Montón de madera usado para quemar un cadáver.

PRACTICANTE
Persona que es hábil en un trabajo o una actividad.

RUEDA DEL ZODIACO
Diagrama circular que representa los doce signos del zodiaco, constelaciones de estrellas que algunas personas creen que sirven para hacer predicciones sobre los humanos.

RUNA
Carácter de un alfabeto usado por varios pueblos europeos desde aproximadamente el siglo III hasta el siglo XIII.

SABIOS POPULARES
Personas que practicaban la magia popular tradicional, como la curación o los encantamientos beneficiosos.

SAMI
Grupo indígena que habita en las zonas septentrionales de Finlandia, Noruega, Suecia y Rusia.

SANADOR POPULAR
Persona que trata a los enfermos con medicina tradicional y magia.

SINTOÍSMO
Religión tradicional japonesa que cree en varios dioses y está conectada con la naturaleza.

SOBRENATURAL
Causado por algo que la ciencia o la naturaleza no pueden explicar.

SOLSTICIO
Uno de los dos momentos del año en los que el Sol alcanza el punto más alejado del ecuador y el día o la noche son los más largos.

TALISMÁN
Objeto con poderes religiosos o mágicos que puede sanar o proteger del daño.

TRANSFORMARSE
Adoptar otra forma.

UNGÜENTO
Sustancia que se frota sobre la piel, normalmente con fines médicos.

VENDEDOR AMBULANTE
Persona que viaja y vende cosas.

VIDENTE
Persona capaz de ver el futuro.

VIRTUD
Cualidad de ser bueno.

VIUDA
Mujer cuyo esposo o esposa ha fallecido.

YIN Y YANG
Concepto de la filosofía china según el cual dos fuerzas con personalidades opuestas actúan juntas en todos los aspectos de la vida.

ZAHORÍ
Persona que tiene poderes especiales para ver el futuro o encontrar agua, minerales u otras cosas bajo tierra.

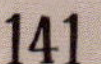

ÍNDICE

A
adivinación 34, 68-69, 122, 126
adivinos 121
africana, cultura 23, 78-79, 108-109, 122
Afrodita, hierba de 48
ajenjo 43
alfombras voladoras 71
alquimistas 77
América del Norte 78-79, 102-103
indígenas, pueblos 58, 61, 91, 106-107
América Latina 122-123
amuletos 27, 62-63
animales 13, 35, 71, 111
antropología 117
árboles 64-65
artemisa 43
astrología 29, 53, 69, 121
Atharvaveda 22
augurio 69
azande, pueblo 108
azteca, Imperio 128

B
Baba Yaga 19, 54
Befana, La 19, 55
beleño 43
belladona 42
Blancanieves 59
bosque 58
botas de siete leguas 99
Brigid 72
bruja de Bell, La 18
bruja de Endor 19
brujería verde 134-135

C
calabazas 64
calderos 66
Caldwell, Christian 90
cálices 67
cambiantes 110
cambio climático 104, 133, 134
Canadá 58, 106, 107
Caribe 78-79, 97, 123
cartomancia 126
casco de la invisibilidad 98
catolicismo 78, 94, 122-123
caza de brujas 82-83, 90-91, 94, 115
juicios 74, 84-85, 87, 100-103
métodos 88-89
celta, mitología 69, 72-73
Ceridwen 18, 72
ciencia 77, 114, 137
cine 13, 131
cintamani, piedra 99
Circe 18, 36, 38-39
colonialismo 96-97
coreana, cultura 77
Corpus sagrado de Ifá 23
crisantemos 65
crisólito 129
cristales 128-129
cristianismo 17, 52, 92, 104
cronología de la brujería 14-15
cuarzo rosa 129
cuencos de encantamientos 63
curanderas 94
chamanes 76
Chen Jiao, emperatriz 32-33
Chen Jinggu 18, 31
China 30-33, 99, 128

D
demonios 17, 61
Dickson, John 90
dioses 17, 26, 56-57
druidas 120
Dzunukwa 58

E
ecobrujería 134-135
Edad Media 52-53
Egipto, antiguo 22, 26-27, 62, 129
elementos 59, 134
escobas 13, 67, 70
Escocia 115
España 23, 94
espejos 66
espiritismo 118-119
estereotipos 12-13
estramonio (manzana espinosa) 43, 49
estrige 60
Europa 54-57, 72-74, 77, 84-85

F
familiares 111
fantasmas 119
feminismo 132
Frau Perchta 54
Freyja 57
fylgja 111

G
Gales 72, 73
gatos 13, 35, 111
ginseng 43
Grecia, antigua 22, 36-39, 46-47, 61
pócimas y medicinas 48, 129
Grimhildr 19
grimorios 67
güija, tableros de 119

H
hadas 119
Harut y Marut 29
Hécate 37
hechizos 44, 48-49, 67
ver también maldiciones
hechizos de amor 48-49
hechizos vinculantes 44
heka 26
hematites 129
Heracles 49
hierbas 42-43, 48
hinduismo 22
historia de la brujería 14-15
hombres 120-121
hoodoo 44, 76
Hopkins, Matthew 90

I
I Ching 69
Ilustración 114-116
incensarios 99
India 22, 49, 129
indígenas, pueblos 96-97, 110, 122-123, 133
de América del Norte 58, 61, 91, 106-107
inmersión 88
Inquisición 94
invisibilidad 98
Irlanda 72-74
islam, antiguo 28-29, 77

J
Jacobo VI, rey 100
jade 128
Japón 34-35, 45, 48, 98
jinn 28
Juana de Arco 86-87
judaísmo 19, 22, 53, 92

K

kitsune 34
Kyteler, Alice 74-75

L

Lamia 61
lechuzas 111
leyak 110
Libro de los Muertos 22, 27
libros 22-23, 83, 130
Lilith 19
literatura 22-23, 83, 130
loto, raíz de 48
Louhi 19, 110
Lutzelfrau 55

M

madrastras 59
madres 59
magos 120
maka, pueblo 108
maldiciones 41, 44-45, 100
manananggal 60
mandrágora 49
manzana espinosa
(estramonio) 43, 49
marcas de bruja 62, 88
martillos 98
maya, mitología 23, 58
Medea 19, 46-47
medicina 27, 42-43
medios 12, 130-131
Mélusine 19
Mesopotamia 24-25, 29, 62
México 94-95
mezcla de Minte 48
Michaëlis, Sébastien 91
Morrigan, la 18, 73
mortero 71
Mother Shipton 77
mudang 77
muerte 27
mujeres 10-11, 83, 87, 105

N

naguales 110
naturaleza 64-65, 124-125,
134-135
Nicneven 18
nigromantes 121
nórdica, mitología 19, 56-57, 111
nornas 56
noroi 45

O

objetos mágicos 98-99
obsidiana 128
ocultismo 116, 118-119
Odiseo 38
oniromancia 68
oráculos 36
orishas 123
Oya 18

P

Pachamama 18
papiros mágicos 22
Pendle, juicios por
brujería de 100-101
pensamiento silvestre 48
Picatrix 23
pinchar 89
plantas 42-43, 64-65
pócimas 42, 48-49
Pollock, Maggie 107
Popol Vuh 23
protección 25, 62-63, 64, 128
pruebas del tacto 89

Q

quiromancia 68

R

ratones 111
Reina de las Nieves 59
Rémy, Nicholas 91
Rhiannon 73
Roma, antigua 40-41, 60
runas, lanzamiento de 69

S

sabbat 92-93
sabios populares 76-77
Salem, juicios por
brujería de 102-103
sanadores 76-77, 96-97
sangoma 109
santería 123
santos 17, 123
sapos 111
sesiones espiritistas 119
setas 65
simbología 62, 124, 126
supersticiones 63, 69

T

Tanaj, el 22
tarot 126-127
tarta de bruja 89
taseomancia 68
Tenskwatawa 91
Tlahuelpuchi 61
transporte 70-71

U

ungüentos 70

V

vampiros 61
varitas 67
verbena 42
volar 70-71, 93
von Ehrenberg, Philipp Adolf 90
vudú 78-79
völva 56

W

wicca 93, 124-125

X

Xtabay, la 58

Y

Yamauba 18
yoruba, pueblo 23
yōkai 34
Yuyu 109

Z

zahoríes 121
zapatos 63
Zhalmauyz Kempir 19

AGRADECIMIENTOS

DK expresa su agradecimiento a Laura Galán-Wells y Sarosh Arif por la revisión del contenido sensible, Peter Gee por la corrección de pruebas, Elizabeth Wise por la elaboración del índice, y Sakshi Saluja y Manpreet Kaur por la ayuda en la investigación iconográfica.

La editorial desea agradecer a las siguientes personas y entidades que hayan tenido la amabilidad de permitir la reproducción de sus fotografías:

(Clave: a-arriba; b-abajo/parte inferior; c-centro; l-lejos; i-izquierda; d-derecha; s-parte superior)

22 University of Toronto Libraries: Atharva-Veda samhita: traducido con un comentario crítico y exegético de William Dwight Whitney. Revisado, ampliado y editado por Charles Rockwell Lanman (bi). **25 Bridgeman Images:** Foto © Photo Josse (bd). **© The Trustees of the British Museum. Todos los derechos reservados:** (ci). **The Metropolitan Museum of Art:** Bequest of W. Gedney Beatty, 1941 (sd). **27 Alamy Stock Photo:** Art Directors & TRIP / Helene Rogers (sc); Portis Imaging (ci). **The Art Institute of Chicago:** Gift of Henry H. Getty and Charles L. Hutchinson (lsd). **The Metropolitan Museum of Art:** Rogers Fund, 1936 (sd). **41 Mike Peel:** (s). **42 Dreamstime.com:** Manfred Ruckszio (cia). **42-43 Dreamstime.com:** Nadezhda Andriyakhina (c). **43 Dreamstime.com:** Jianghongyan (bc); Spectral-design (sc); Kazakovmaksim (sd); Pavel Parmenov (cdb). **49 Dreamstime.com:** Picture Partners (ca); Zurijeta (si); Manfred Ruckszio (cia). **63 Alamy Stock Photo:** Zev Radovan (bd). **83 Alamy Stock Photo:** Jimlop collection (sd). **Dreamstime.com:** Yuriy Chaban (ci). **128 Alamy Stock Photo:** The Museum of East Asian Art / Heritage Images (ci). **Dreamstime.com:** Richpav (bi). **129 Dreamstime.com:** Dafnanb (bd); Asmus Koefoed (sd); Fokinol (ca); Ekaterina Kriminskaia (cib). **131 Alamy Stock Photo:** steeve-x-art (cda). **GKIDS:** © 1989 Eiko Kadono / Hayao Miyazaki / Studio Ghibli, N (bi)

SOBRE LA AUTORA

Hazel Atkinson es una autora del noreste de Inglaterra. Hazel siempre se ha sentido fascinada por las historias de magia y misterio, desde sus experimentos infantiles «elaborando pócimas» hasta sus estudios de Historia de la Brujería en la universidad.

Actualmente vive en el condado nororiental de Northumberland con su marido, su hijo y su gato, al que tienen muy consentido. *La extraordinaria historia de las brujas* es su primer libro infantil.

SOBRE LA ILUSTRADORA

Camelia es una ilustradora y directora de arte vietnamita.

Se graduó en Diseño Gráfico y trabaja en Hanói como ilustradora *freelance*. Su trabajo se centra principalmente en contar historias mediante el uso del cuerpo humano, colores intensos y marcos decorativos. Ha ganado muchos premios internacionales por sus obras y también ha participado en proyectos de animación como directora de arte.

Disfruta creando arte desde su casa mientras se acurruca con su perro y siempre anda buscando cafeterías acogedoras en las que trabajar.

SOBRE LA ASESORA

Diane Purkiss es profesora de Literatura Inglesa en la Universidad de Oxford y miembro del Keble College. Es una experta en la historia de la brujería. Su libro más reciente sobre el tema es *The Museum of Witchcraft.*